LA SEXUALITÉ MASCULINE

Didier Dumas, cinquant … *deux livres :* L'Ange et le … *et* Hantise et clinique de …

La sexualité de l'homme … la femme ? Comment se … fantasmes qui animent le … féminité ? Pourquoi « ça marche » avec celle-là et non avec telle autre ? Quels sont les ressorts inconscients qui rendent obstinément polygame, résolument fidèle ou éternellement hésitant entre deux femmes ? Qu'est-ce qui fait tenir un couple ? En dévoilant ce que les hommes confient à leur psychanalyste, Didier Dumas remet de l'ordre dans les idées reçues. Il montre comment le petit garçon construit sa virilité et ses particularités sexuelles. Don juans, fétichistes, grands timides, parfaits amants, époux exemplaires... tous peuvent découvrir dans ce livre un éclairage étonnamment nouveau sur leur sexualité.
Le lecteur reconnaîtra en Didier Dumas, authentique successeur de Françoise Dolto, un homme osant parler de son sexe à ses contemporains tout autant qu'aux plus jeunes.

DIDIER DUMAS

La Sexualité masculine

ALBIN MICHEL

Sommaire

Avant-propos

Les femmes sont à l'origine de ce livre. Plusieurs d'entre elles m'ont incité à l'écrire, me soulignant comment la charge d'épouse, de mère et de compagne devient particulièrement lourde sitôt qu'Adam perd la boussole de son désir. A une époque où elles ont largement devancé les hommes dans la liberté de parler de leur propre sexe, n'était-il pas légitime d'avoir envie d'en faire autant ?

J'en parlai autour de moi en m'adressant de préférence aux hommes. Ceux-ci m'ont alors fait remarquer qu'un livre sur la sexualité virile devait — s'il leur était adressé — être dépouillé de l'obscure panoplie de concepts dont usent habituellement les psychanalystes. A l'un d'entre eux, j'argumentai que ce n'était pas une entreprise facile. « On ne peut pas, lui dis-je, avancer une chose un tant soit peu nouvelle sans se passer de l'armure que représente le langage professionnel. — Te voilà au centre du problème, me répondit-il en riant. Fait-on l'amour avec une armure ? » L'ami m'ayant convaincu, je n'ai conservé du vocabulaire psychanalytique que les quelques très rares termes qui, tels « Œdipe » et « fantasme », sont déjà des mots familiers dans les langues occidentales.

Conçu à partir de la demande des femmes, ce livre

n'en est pas moins adressé aux hommes. Il est écrit par eux et pour eux. Par eux, car j'y restitue la parole de tous ceux qui ont été mes clients, rendant compte de leurs histoires particulières, comme de ce qu'ils ont en commun. Pour eux, pour les hommes de ma génération qui comme moi ont eu des parents incapables de répondre à leurs questions sur le sexe. Ceux qui ont lu le manuscrit m'en ont tous dit : « Voilà le livre qui m'a manqué à l'adolescence. » Que pouvais-je leur répondre ? Sinon que ce fut pour moi aussi cette terrible absence de parole sur le sexe qui m'a conduit à devenir psychanalyste.

Ce livre est ainsi destiné aux hommes et femmes de mon âge, mais aussi aux plus jeunes, à mes fils, à leurs cousins, à leurs amis, à la génération des hommes de demain. S'il permet que la sexualité soit, d'une génération à l'autre, quelque chose dont on puisse parler, il aura atteint son but.

I

COMMENT ON VOIT LE PÉNIS DANS L'IMAGINATION ÉROTIQUE

Le rôle de la féminité dans l'érection

« Avant de vous rencontrer, me disait un homme, je croyais que tout ce qui m'arrivait dans les rapports sexuels ne dépendait que de moi, j'avais toujours peur de me retrouver impuissant. Maintenant je crois qu'il y a deux façons de bander. L'une qui provient de ses propres fantasmes, l'autre qui provient du désir de la femme, de la façon dont elle nous accueille. Je m'en suis rendu compte cette nuit et maintenant je ne serai plus jamais coupable s'il m'arrive à nouveau de me croire impuissant. »

Il avait passé une partie de la nuit avec une femme qu'il avait rencontrée quelques jours auparavant : « Nous étions tous deux bien décidés à faire l'amour, mais cela a été épouvantable. Je ne comprenais rien à ce qui m'arrivait. Sitôt que je la pénétrais, je me mettais à débander. Nous nous sommes obstinés. C'était épuisant. Je l'ai quittée tard dans la nuit, sans y être arrivé. En rentrant chez moi, j'étais démoralisé. J'avais honte de ne pas lui avoir procuré le moindre plaisir. Une fois de plus, je me croyais impuissant. A la maison, une surprise m'attendait. Claudine était de passage à Paris.

J'étais content de la voir, mais lorsqu'elle a commencé à me faire des avances, j'ai été pris de panique. J'ai essayé de lui faire comprendre que j'étais incapable de faire l'amour. Or voilà qu'elle insiste et que je sens une érection accompagnée d'un plaisir assez surprenant, vu ce qui m'était arrivé auparavant. J'ai fait l'amour avec elle sans aucun problème. Je ne me sentais plus du tout fatigué. C'était formidable. En me réveillant, je me disais qu'il n'y a pas de meilleur aphrodisiaque qu'une femme qui vous désire. L'autre me voulait, mais je crois qu'elle ne me désirait pas vraiment et que c'est ça qui me faisait débander. » La proximité temporelle de deux expériences aussi radicalement différentes permet en effet de prendre conscience de l'importance que représente le désir de l'autre dans la qualité de la jouissance sexuelle.

L'érotisme est en premier une affaire de communication. La jouissance sexuelle ne peut se représenter indépendamment du désir d'un autre. Les mécanismes qui la rendent possible ou impossible, intense ou médiocre, satisfaisante ou décevante n'en sont que plus mystérieux. La jouissance implique une rencontre affective, une sympathie, une complicité fantasmatique, un accord entre les inconscients : quelque chose de tout à fait irrationnel. L'attirance entre les êtres déborde le cadre des phénomènes conscients. La jouissance érotique met en jeu l'imaginaire dans sa dimension la plus personnelle. Les fantasmes qui en répondent n'ont apparemment rien de logique. S'ils permettent la communication entre les esprits et les corps, ce n'est pas au niveau de la raison, d'où la difficulté de les comprendre, si ce n'est de les accepter.

Le sexe peut aussi apparaître comme un besoin que la prostitution rend commercialisable. Il n'en est pas moins considéré dans toutes les cultures comme un art qui concerne en premier l'esprit. Le sexe, comme la nourriture, correspond à un besoin vital. Se nourrir est nécessaire, cuisiner y inscrit le désir sans lequel l'esprit ne saurait s'épanouir. La cuisine est un art. L'érotisme en est un autre. Jouir implique le corps, mais ne jouir que de son corps est source d'insatisfaction. Le vide créé par l'absence de paroles et de sentiments dans la jouissance sexuelle peut la rendre aussi intense qu'intolérable. Aussi fabuleuse soit-elle, la jouissance n'est cause de tranquillité que lorsqu'elle implique la satisfaction de l'esprit.

L'homme se différencie des autres espèces animales dans la mesure où sa sexualité n'est pas assujettie à un cycle saisonnier. Seul son propre désir y préside. Le premier obstacle qu'il y rencontre est ainsi d'avoir à en décider lui-même. Sa sexualité reste au service de l'espèce. Il peut l'utiliser à cette fin, mais il peut aussi l'utiliser pour la gratuité du plaisir. Tel est le statut de l'être humain : être seul juge du bien-fondé de ses désirs, de ses fantasmes et de ses actes. Voilà pourquoi la jouissance sexuelle peut faire peur. Les animaux n'ont pas inventé le planning familial. Ils n'ont pas plus inventé les camps d'extermination. La peur de ses propres fantasmes reste ainsi légitime pour l'homme.

On a encore pourtant souvent tendance à considérer la jouissance masculine comme une affaire sans problèmes. S'il n'est pas impuissant, l'homme est censé se satisfaire de l'orgasme que procure l'éjaculation. Comparée aux voiles dont on enrubanne celle de la femme, la sexualité virile est ainsi banalisée. On n'y voit rien de mystérieux. On la réduit à la crudité d'une fonction biologique que gouvernent les instincts de nature. Mais, complaisamment associée à toutes les formes de brutalités tolérables, la virilité est, du même coup, reléguée du côté des nécessités printanières qui s'arrondissent avec l'âge.

Dans les mythologies religieuses qui structurent notre

culture, c'est pourtant, et à l'inverse, plutôt la sexualité masculine qui est présentée comme un événement peu banal, doté de sa part mystérieuse. La façon dont Zeus apparaît, d'un coït à l'autre, sous la forme d'un volatile ou d'une pluie d'or, vaut le même pesant d'interrogations que celle qui permet au Dieu chrétien de se présentifier à la Vierge Marie par l'intermédiaire d'un ange. La langue, elle aussi, semble considérer l'érection comme un événement peu banal dont le mystère la prend au dépourvu. La plupart des langues disposent d'une étonnante profusion de termes pour désigner l'organe mâle dans ses fonctions actives. En français, le Petit Robert des synonymes en dénombre plus de cent cinquante, sans pouvoir en donner une liste exhaustive.

Cet éclatement langagier confère au sexe masculin un statut tout à fait unique dans la parole. Existe-t-il un autre objet qui produise un fleurissement aussi exubérant d'images et de termes, plus ou moins courants mais ayant une certaine place dans le langage usuel ?

Ce feu d'artifice dans les représentations que génère l'organe mâle peut se classifier dans un nombre assez limité de rubriques. Ce sont tout d'abord les objets qui évoquent sa forme comme le *gland,* la *trique,* le *mont Chauve,* la *queue* ou la *broquette,* un petit clou à large tête. La forme peut être associée à l'une ou l'autre de ses fonctions. C'est la *bite* ou le *bout* qui servent à s'amarrer, le *goupillon* qui pénètre ou asperge, la *pipe* ou le *cigare* qui brillent du feu du désir, le *plantoir,* la *canne à papa* ou le *créateur* qui illustrent le fait d'ensemencer, de donner vie.

Viennent ensuite trois types d'objets qui indiquent plus précisément la place qu'occupe l'organe viril dans les fantasmes des deux sexes. Ce sont tout d'abord les objets servant à se nourrir. Le *biscuit,* l'*asperge,* la *carotte,* le *pain au lait,* l'*os à moelle* ou le *service trois pièces* évoquent les relations du pénis et de la bouche vaginale qu'il est censé nourrir. Viennent ensuite les armes guerrières. L'*arbalète,* le *gourdin,* l'*arc,* le *pistolet,* la *lame* ou le *braquemart* situent l'exaltation des qualités viriles, aiguisées par les combats et l'absence de femmes sur les champs de bataille. Ce sont, enfin, les instruments de musique. Le *biniou,* le *flageolet,* le *trombone,* le *fifre,* l'*épinette* ou la *cornemuse* l'associent aux vibrations de la jouissance sexuelle, conçue sur un mode musical.

Plus rares sont les appellations qui le considèrent comme un avoir déterminant le destin. On l'appelle alors l'*histoire,* les *affaires personnelles,* la *tête chercheuse* ou le *saint-frusquin,* expression qui désignait, dans le temps, tout ce qu'un homme possédait sur lui comme argent et comme habits. On l'appelle aussi le *petit Jésus,* ce qui en fait autant un objet sacré qu'un petit personnage. Voilà la dernière catégorie de représentations qui désignent le pénis, celles qui l'assimilent à un être vivant, un animal, un personnage ou ses qualités psychologiques. Du côté des animaux, c'est la *bébête,* le *petit oiseau,* le *lézard,* le *canari,* le *marsouin* ou le *poisson rouge.* Identifié à un personnage, c'est le *petit frère,* le *baigneur,* le *borgne* ou le *petit chauve à col roulé.* Au niveau de son caractère, c'est la *précieuse,* la *ravissante,* la *frétillante,* le *coquin ravageur* ou le *braque,* un synonyme d'« étourdi » et d'« écervelé ».

C'est surtout cette dernière catégorie d'appellations qui différencie la sexualité masculine de celle de la femme. Contrairement à elle, l'homme ne vit pas son sexe comme faisant un avec son corps. Très tôt, le garçon est confronté à l'autonomie de son pénis. L'érection ne dépend pas de sa volonté. Elle peut se manifester au moment où il ne s'y attend pas. C'est pourquoi il y voit un petit personnage avec lequel il lui faut savoir composer. Lorsqu'une érection se manifeste indépendamment de sa volonté, cela le décentre de sa personne au profit de ce sexe qui s'exprime tout seul. Il n'a alors que deux solutions. Ou il donne satisfaction à son pénis ou il lui impose le silence. Que ce petit appendice puisse aussi n'en faire qu'à sa tête n'est donc pas sans lui poser problème. Si le garçon souffre d'érections intempestives, il n'y verra rien d'agréable. Le dialogue qui le relie à son pénis est ainsi pour l'homme de la plus haute importance, car c'est en lui que réside un possible accord entre son cœur et son entrejambe, ses sentiments et ses pulsions sexuelles.

Cette autonomie du membre viril apparaît dans certains rêves où l'homme voit son pénis séparé de son corps qui voyage dans les airs. Ces rêves sont assez fréquents chez les névrosés obsessionnels[1] qui compensent ainsi, dans leur vie onirique, la maladive immobilité que génère cette névrose. Dans d'autres rêves, l'homme se représente son pénis comme un véhicule, une moto, un cheval, ou tout autre moyen de locomotion qui lui permet d'effectuer des prouesses. Les rêves où il se le représente comme un animal doué de facultés prodigieuses ne sont pas moins fréquents. Voici le rêve d'un de mes clients qui souffrait d'inhibition sexuelle.

« J'étais dans mon lit. C'était la maison que nous habitions dans mon enfance. Ma mère était dans la pièce à côté. Tout d'un coup, je sens sous les draps un animal étrange qui était relié à mon corps par une laisse. C'était un animal comme je n'en avais jamais vu, à moitié mammifère, à moitié oiseau. Une sorte de paon avec une tête de cerf. Je n'avais pas peur. J'étais au contraire très excité à l'idée de montrer à ma mère ce prodigieux animal. Avec les mains, je détachais la laisse qui le reliait à mon corps pour qu'il puisse la rejoindre et qu'elle le voie. Mais sitôt détaché, l'animal s'est volati-

1. L'obsession et l'hystérie sont les deux premières formes de la névrose et de l'inhibition sexuelle.

lisé et j'en étais très triste. Je voyais alors des taches sur les draps dont je n'arrivais pas à distinguer la couleur. Je me demandais si elles étaient rouges ou blanches, mais je n'arrivais pas à me décider entre les deux. »

Ce rêve montre comment l'enfant qu'a été le dormeur s'est représenté son propre sexe. Cet animal étrange est un cerf-paon. Non pas un serpent, bien que cela puisse aussi s'entendre, mais un cerf-paon. Aux yeux de l'homme, le serpent peut difficilement représenter son propre sexe. Le Petit Robert ne le donne d'ailleurs pas dans la liste des cent cinquante synonymes du sexe masculin. Si le serpent peut évoquer le pénis, c'est avant tout dans les rêves et l'imagination féminine, car il y symbolise alors le rôle de la féminité dans la mise en mouvement du sexe masculin.

Cet animal qui ondule sur le sol est, dans toutes les mythologies, le symbole des « énergies de la terre » et du même coup de la féminité. C'est le sens qu'il a dans le mythe d'origine judéo-chrétien. Le serpent y représente de quelle façon Eve fait commettre à Adam le péché de chair. Il n'entretient aucun rapport particulier avec Adam, car il y symbolise l'outil de séduction de la femme : les énergies qui, venant d'elle, animent l'organe mâle. Le mythe judéo-chrétien situe ainsi le mystère de la phallicité comme une conséquence directe du désir féminin. La qualité de l'érection est en effet proportionnelle à la qualité d'accueil du vagin qui la provoque, et, dans les imageries érotiques, le serpent est toujours le représentant d'une puissance féminine qui donne force à l'érection.

L'homme, quant à lui, peut difficilement confondre son pénis avec un animal assujetti à ramper sur le sol. Son sexe se caractérise par la faculté de se redresser vers le ciel. On le lui présente d'ailleurs comme un *petit oiseau* ou un *petit Jésus*. Aux yeux du garçon, le pénis ne peut être pris pour un serpent qu'au moment où il semble dormir. C'est pourquoi le désir du dormeur substitue au serpent le cerf et le paon, deux animaux qui brillent par le fleurissement céleste de leurs atouts. La queue du paon qui fait la roue ou l'ampleur des bois qui couronnent la tête du cerf sont, pour un petit garçon, des représentations autrement plus appropriées que le serpent pour évoquer la fierté de ses érections.

Voilà ce que le dormeur voulait, enfant, faire admirer à sa mère. Les mains qui détachent la laisse évoquent la masturbation. La détumescence est représentée par la volatilisation de l'animal. Viennent alors, à sa place, des taches blanches ou rouges qui sont là un rappel des questions sur la maturation sexuelle. Les garçons font-ils des taches rouges comme les règles, ou font-ils des taches blanches ? Un autre homme aurait pu faire le même rêve en se représentant l'animal attaché à son corps sous la forme d'un lièvre ou d'un lapin. Il aurait alors pu associer cet animal à des expressions comme « le chaud lapin », ou au « lapin » que tout garçon doit pouvoir « poser » à sa mère.

C'est précisément cette série de questions qui étaient restées interdites dans l'enfance de mon client. Comme c'est malheureusement souvent le cas, la mère de cet homme avait assumé sa maternité dans un oubli total de sa féminité. Excellente mère, elle n'en avait pas moins entravé la construction sexuelle de son garçon en interdisant toute parole sur le sexe. Or, ce n'est pas, dans ce cas, devoir répondre aux questions de l'enfant sur sa propre anatomie qui dérange profondément une mère. C'est la peur de lui laisser percevoir de quelle façon elle trouve plaisir ou répulsion à animer le sexe masculin. C'est de sa féminité qu'il est alors interdit de parler.

L'enfant ne peut pas, du même coup, donner sens à ses érections. Face à sa mère, il ne peut se montrer fier de son sexe et, à l'âge adulte, il souffrira d'inhibition sexuelle. C'est ce que cherche à dire le rêve du cerf-paon. Comme dans les rébus de l'enfance, il situe l'invisible féminité de la mère à travers un serpent invisible mais retrouvable dans l'assemblage de deux animaux mâles qui, comme père et fils, brillent de leurs atouts phalliques.

La place de l'inconscient dans la sexualité

La jouissance sexuelle s'appréhende dans le corps comme une vibration énergétique extraordinaire, un plaisir qui peut rejoindre l'extase. Mais sitôt qu'on s'interroge sur ce qui le fait jouir, on n'y voit aucune logique. Certains sont attirés par les gros seins, d'autres par les petits, d'autres par les talons aiguilles, comme dans certaines formes de fétichisme. De même pour les zones corporelles responsables du plaisir. Le pénis n'est pas forcément le seul organe érogène du corps masculin. Pour certains hommes, la pointe du mamelon procure une jouissance extrême. Pour d'autres, ce sera l'anus sans qu'ils soient pour autant homosexuels. Pour eux, comme pour les femmes, les lieux du corps qui concentrent la jouissance ne sont non seulement jamais les mêmes d'un sujet à l'autre, mais ne résonnent pas avec la même intensité chez deux personnes différentes. S'interroger en ce domaine achoppe en premier sur le constat que la jouissance sexuelle échappe aux repères habituels de la pensée rationnelle.

La sexualité correspond, comme la nourriture, à un rééquilibrage énergétique du corps. Mais la difficulté qu'elle pose ne se situe pas tant au niveau du corps et du besoin qu'au niveau du désir et de la communication psychique. La jouissance sexuelle résonne certes dans le corps. Elle n'en dépend pas moins des fantasmes qui la gouvernent. Elle ne peut correspondre à un simple besoin, car elle implique surtout de pouvoir assumer la complexité de son propre désir et de sa vie fantasmatique. L'amour sexué est ainsi un art hautement personnel. La capacité de prendre ses particularités et son imagination au sérieux, le plaisir de concrétiser ses rêves dans la vie, d'y faire, par le sexe, participer un partenaire font de l'érotisme un art privé. Plus difficilement partageable que ceux qui président aux plaisirs de la table, c'est un art qui ne se pratique que dans la stricte intimité. D'où la difficulté de pouvoir en parler.

Pouvoir parler de la jouissance sexuelle, c'est admettre que l'inconscient y joue un rôle beaucoup plus important que le conscient. Le conscient gouverne la survie immédiate de la personne, l'inconscient a une visée plus vaste. Il gouverne la survie de l'espèce. Sa prégnance est donc incontournable dans l'érotisme. *La jouissance sexuelle émane d'une communication psychique d'autant plus mystérieuse et fragile qu'elle contourne l'usage des mots.* Elle implique une communication des inconscients et c'est dans cette mesure qu'elle peut poser problème.

La communication érotique met en jeu le désir qui la rend satisfaisante ou pas. Or, à la différence des besoins qui demandent une satisfaction réelle, le désir peut se satisfaire d'objets immatériels. Il s'exprime aussi bien dans une rencontre chaste que dans la mise en jeu du sexe. L'amour peut être platonique, le désir peut viser Dieu, il peut aussi dépendre de toute la variété d'objets immatériels qui peuplent la pensée et l'imaginaire. Le désir peut ainsi aisément se tromper sur le choix de son objet. La communication érotique est à son enseigne. Elle dépend des échanges fantasmatiques qui eux-mêmes ne rendent que très partiellement compte de la communication des inconscients nécessaire à la jouissance corporelle. Ainsi il est aussi difficile de cerner ce qui intensifie le plaisir jusqu'à l'extase avec certains partenaires que ce qui le rend obstinément insipide avec d'autres, et cela, malgré tous les efforts qu'on y met. Satisfaisante ou décevante, la jouissance sexuelle semble ignorer ce qui la meut. La communication érotique échappe aux processus conscients. Elle dépend des relations d'inconscient à inconscient qui déterminent l'attirance entre les êtres et font la force de l'érotisme.

Voilà la principale raison qui rend difficile de parler de sa sexualité. On peut bien sûr rendre compte des particularités de ses propres fantasmes, mais tant qu'on ne leur a pas donné sens dans la relation à un autre, les fantasmes sexuels apparaissent surtout comme le répondant psychique de la masturbation. En revanche, sitôt que l'on fait l'amour, les fantasmes perdent de leur poids et les plaisirs de la communication érotique suppriment toute nécessité d'en parler.

La possibilité de parler de son intimité sexuelle est assez récente dans notre culture. Elle date du début du siècle : c'est l'apport incontestable de la psychanalyse à la pensée occidentale. On en trouve la preuve dans l'évolution de la langue. Le mot « fantasmer » et le sens qu'on lui donne à notre époque n'existent pas dans les dictionnaires qui précèdent l'apparition de la psychanalyse. Dans le Littré de 1863, on trouve « fantaisie » mais pas « fantasme ». On y trouve « fantasmatique », mais le terme ne désigne alors que ce qui a trait à la vision du fantôme. Le mot « fantasme » n'existe pas encore. Il apparaît dans le Larousse de 1922, mais sans modifier pour autant la définition première de « fantasmatique ». Sous la forme active d'un verbe, « fantasmer » n'apparaît que plus tard. Ecrit différemment, « phantasme » est un terme plus ancien, mais il est alors strictement réservé au vocabulaire médical. Il désigne des images chimériques et fantomatiques, distinctes des hallucinations, provenant d'une lésion du sens de la vue ou des facultés mentales qui se produit soit chez les malades atteints de névrose, soit passagèrement à l'occasion de digestions laborieuses ou de menstrues difficiles.

A travers cette évolution de la langue, on constate le pas décisif qu'a fait notre culture en matière de sexualité. Que « fantasmer » y devienne, peu à peu, un verbe actif indique l'importance assez nouvelle que l'homme du XXe siècle attribue à ses facultés imaginaires tant dans le domaine sexuel que dans celui de la créativité en général.

La qualité de la jouissance érotique ne dépend pas des échanges conscients et verbaux. Elle dépend de ceux, inconscients, qui lui donnent sa mystérieuse étrangeté. La communication sexuelle possède ainsi toujours sa part de fragilité, puisque c'est l'intelligence d'un commerce entre les inconscients qui la rend possible ou impossible, intense ou médiocre, satisfaisante ou insatisfaisante. Le regard assez neuf avec lequel l'homme du XXe siècle réenvisage sa sexualité provient donc autant de la mise au point des contraceptifs que de l'apparition de la psychanalyse, s'offrant à lui comme un nouvel outil permettant de penser la sexualité.

Dépendant beaucoup plus des échanges inconscients que conscients, la sexualité n'est pas forcément parlable avec ceux-là mêmes avec qui on la pratique. Il est paradoxalement plus facile d'en parler dans une relation qui exclut les échanges corporels. Voilà ce qui fonde la psychanalyse. Elle met en place une relation où les échanges érotiques n'ont pas lieu d'être, mais où, en revanche, tout ce qui les concerne peut être dit.

Les psychanalystes occupent ainsi, dans la société moderne, une place qui était, dans l'ancien temps, celle des directeurs de conscience et des exorcistes. Ils ne dispensent bien sûr aucune morale et c'est en quoi leur fonction est nouvelle. Ils permettent à ceux qui le désirent de questionner eux-mêmes leur sexualité et leur vie. Ils n'ont pris le relais des religieux que dans la mesure où leur domaine est celui des pathologies de la spiritualité.

La psychanalyse explore la formation de l'esprit et rend compte de l'évolution spirituelle de l'être. C'est une des rares pratiques où le besoin de pleurer peut être reconnu. On nous consulte aussi bien pour les problèmes que l'on rencontre avec soi-même que pour ceux qui surgissent dans la relation à son conjoint, à ses parents, à ses enfants ou aux autres en général. Dans sa fonction, l'analyste est avant tout le lieu d'un témoignage. On lui parle de sa sexualité comme on n'en parle à nul autre. On lui apprend ainsi toutes sortes de choses qui peuvent être utiles à un plus grand nombre. Le métier d'analyste consiste donc d'une part à écouter ses clients, de l'autre à rendre compte de ce que l'on y apprend.

Lacunes des théories dans le domaine de la sexualité virile

Nous verrons, dans les deux chapitres suivants, comment les fantasmes sexuels se constituent dans l'enfance et comment Freud conçoit la construction sexuelle de l'enfant mâle. Dans son abord de la sexualité virile, la théorie freudienne est toutefois insuffisante. Etudiant la façon dont l'enfant se forge une fantasmagorie sexuelle, elle constate que la mère joue un rôle central dans la découverte de la sexualité et l'imagination érotique du garçon. Pour cette raison, elle attribue au père une place primordiale dans l'interdit de l'inceste. Mais elle ne considère pas que la névrose des parents, ou plus simplement le fait qu'ils aient aussi un inconscient, puisse influer, d'une façon ou d'une autre, sur le développement de l'enfant et la construction des fantasmes sexuels.

Les fantasmes se construisent bien, comme l'indique Freud, dans l'enfance et le rapport aux parents, mais cette constitution dépend autant du conscient que de l'inconscient des adultes tutélaires. Dès l'adolescence, la fantasmagorie érotique peut ainsi être soit parasitée, soit activée par toutes sortes de fantômes provenant directement de l'inconscient des parents. C'est généralement le cas dans ce qu'on appelle les perversions sexuelles. A travers d'étonnantes bizarreries, la sexualité semble alors n'avoir qu'un seul but : exorciser une problématique inconsciente qu'on a héritée de ses parents.

Pervers veut dire « tourné à l'envers ». La sexualité perverse reste, en effet, tournée vers les parents au lieu de pouvoir s'investir dans l'avenir et la reproduction. A la différence des névrosés qui souffrent d'inhibition sexuelle, les pervers sont particulièrement inventifs en ce domaine. Leur érotisme n'en est pas moins astreint à toutes sortes de fantaisies sexuelles qui demandent, pour pouvoir se comprendre, un certain élargissement de la théorie freudienne. Je ne me suis pas appesanti sur cette question. J'en ai traité ailleurs [1] et je ne tenais pas à alourdir ce livre d'un débat théorique qui n'est pas son propos. Je présente toutefois deux histoires d'hommes qui, d'une certaine façon, parlent d'elles-mêmes.

Le premier, un grand don juan, dévoile les ressorts d'une dimension de la sexualité masculine où l'homme semble ne rien pouvoir faire d'autre que de jouer à

1. *L'Ange et le Fantôme,* Editions de Minuit, Paris, 1985, *Hantise et clinique de l'Autre,* Aubier, Paris, 1989.

saute-mouton d'une partenaire à l'autre. Nous verrons comment il a découvert que la dimension compulsive de sa sexualité avait l'étrange fonction de maintenir le secret sur l'impuissance de son père.

Le second, un fétichiste du caoutchouc, contredit le point de vue freudien. On sait que Freud conçoit le fétiche sexuel comme un substitut du pénis imaginaire que l'enfant mâle aurait tendance à attribuer à sa mère. Freud voit les choses ainsi pour différentes raisons, mais entre autres parce que le fétichisme est un trouble de la sexualité qui ne semble concerner que les hommes. Le cas que je présente, explique, d'une tout autre façon, pourquoi le fétichisme est une perversion avant tout masculine. L'obligation d'utiliser un fétiche pour atteindre à l'orgasme ne provient pas, chez lui, de la découverte que la mère n'a pas de pénis. Avec sa mère, s'il a découvert quelque chose, c'est surtout un plaisir sexuel dans lequel le caoutchouc était le seul répondant. Mais si son enfance le fixe sur un fétiche, c'est, pour lui aussi, dans le rapport au père et l'impossibilité d'idéaliser le sexe qui est le leur à tous deux. On verra ainsi comment la passion sexuelle du caoutchouc peut servir d'écran à l'inexprimable regret de ne pas être une fille.

Ces témoignages montrent bien que les théories psychanalytiques ne doivent pas être appréhendées comme du savoir définitivement constitué. Quel que soit leur objet, et c'est valable pour la science, les théories peuvent en effet difficilement fonctionner autrement que comme des idées préétablies. De plus, à l'exception de Wilhelm Reich, les psychanalystes ne proposent pas de théories de la jouissance orgastique. Ils décrivent comment l'infantile peut nourrir ou parasiter la fantasmagorie sexuelle, mais ils abordent rarement la sexualité adulte proprement dite.

Sur la place des testicules dans l'image du corps

masculin, je n'ai, par exemple, trouvé aucun auteur à qui me référer. J'y ai donc consacré un plein chapitre.

De même pour l'adolescence. Un certain nombre d'auteurs comme Françoise Dolto ou Donald Winnicott en traitent avec beaucoup de finesse, mais aucun ne situe l'adolescence comme une période formative de la sexualité.

Quant aux fantasmes qui soutiennent, à l'âge adulte, l'érotisme phallique, j'ai là aussi eu l'impression de me confronter à un terrain vierge. Pourtant la virilité a de tout temps été associée aux arts de la guerre. La sexualité phallique se soutient ainsi d'une fantasmagorie guerrière qui s'exprime aussi bien dans l'érotisme viril que dans l'expression sociale du masculin et la gestion politique. On verra dans le chapitre que j'y ai consacré comment la dimension homosexuelle des fantasmes guerriers valorise la virilité et a ainsi, dans la jouissance érotique, la même prégnance pour les deux sexes.

A l'âge adulte les difficultés sexuelles sont avant tout celles de la royauté. C'est l'âge où ses propres parents deviennent des vieillards, celui où l'on gouverne, tant en remplacement des générations partantes qu'en figure régnante pour celles qui arrivent. A la différence de la femme qui peut reconstruire la dimension perdue de la relation à sa mère dans le rapport à ses enfants, l'homme s'inscrit alors, avec ceux de sa classe d'âge, dans des groupes, des clubs, des partis, des Eglises ou des armées. Michèle Montrelay est, à ma connaissance, la seule psychanalyste qui se soit penchée sur cette dimension de la sexualité masculine[1]. Elle voit, dans cette façon par laquelle l'homme fait *bande* avec son

1. Je me réfère ici à un travail proposé par elle au sein de l'Ecole freudienne de Paris actuellement dissoute. On pourra lire deux de ses articles dans le numéro 6 de la revue *Confrontation* (Aubier, Paris, 1981) qui est par ailleurs un des rares ouvrages sur la sexualité masculine.

semblable, la reconstruction d'un corps anonyme qui se substitue au corps perdu de la mère. Cela est certes vrai à l'adolescence, moment où la bande n'échappe pas encore à la mixité. A cet âge le groupe des copains a en effet une fonction maternante, qui se substitue au corps de la mère, afin de pouvoir créer l'espace de sa propre génération. Mais dès que la bande sort de la mixité et se donne une tête, dès qu'elle prend corps dans un parti ou une Eglise, elle n'est plus, pour l'homme, un substitut du corps de sa mère, mais un substitut du corps de son père.

Qu'il se destine à la prêtrise ou aux armes, à la politique ou à la méditation, à l'économie ou à la connaissance, l'homme est fortement marqué, dans l'expression sociale de sa sexualité, par la présence occulte d'un père. L'Eglise et l'armée sont les deux premiers modèles de toute institution masculine. L'homme use ainsi d'un double modèle pour reconstruire la relation perdue au corps de son père : soit il investit la verticalité céleste à laquelle se consacre le prêtre, et peut ainsi devenir père, sans avoir à en passer par une autre mère que celle qu'il vénère au fronton de son Eglise. Soit il investit les armes, l'économie ou la politique, c'est alors dans l'horizontalité territoriale qu'il reconstruit le corps d'un père, identifié aux frontières du pays. Son rapport à la jouissance érotique n'en dépend pas moins de la relation qui l'a relié, enfant, à une mère.

On découvrira, tout au long de ces pages, comment le désir inconscient qui anime la sexualité masculine est profondément déterminé par son rapport au maternel. C'est le point dominant du discours des hommes, lorsqu'on les écoute quotidiennement parler d'eux-mêmes et de leur sexualité. La mère y est beaucoup plus présente que la femme. Les femmes ont bien sûr une place majeure dans la parole masculine, mais, lorsqu'elles y posent problème, c'est rarement en tant que femmes. C'est le plus souvent en tant que mères.

Complément nécessaire de la virilité, la féminité n'a, en soi, aucune raison de porter ombrage au masculin. Elle motive au contraire son expansion. Dans sa nature, l'homme a donc plutôt tendance à être complaisant avec le féminin. Les images de la maternité sont autrement plus problématiques pour lui. Que celle dont il parle soit mère ou veuille le devenir, qu'elle lui rappelle ou non la sienne, c'est toujours, consciemment ou inconsciemment, en référence à sa propre mère qu'un homme éprouve de l'attirance ou de la répulsion pour une femme.

Depuis Freud, on commence à savoir que le désir inconscient qui anime la sexualité virile prend racine dans le rapport à la mère. On s'est moins interrogé sur la dualité antinomique des images du maternel et de la féminité dans l'imaginaire masculin. Pour l'homme, la femme est soit mère, soit objet de jouissance, mais rarement les deux en même temps. Dans ses fantasmes sexuels, la mère et la femme ne sont jamais superposables. Les images de la féminité aiguisent ses désirs sexuels. Celles du maternel ont plutôt tendance à les inhiber.

Il en va de même pour la femme. Dans son équilibre sexuel et libidinal, le maternage et la féminité s'opposent comme des gammes de valeurs antinomiques. Se sentir écartelée entre son mari et ses enfants est un des thèmes majeurs de la parole féminine. Nombreuses sont celles qui constatent que l'arrivée d'un enfant les détourne sexuellement de leur conjoint et pèse ainsi sur leur vie de femme. Certaines, comme la mère de celui qui rêvait d'un *cerf-paon,* assument la maternité au prix d'un deuil radical de leur féminité. Elles s'enferment ainsi dans une névrose qui entrave en retour la construction sexuelle de leur enfant.

Il faut bien voir que la facilité avec laquelle les Eglises opposent à la figure de la putain celle d'une mère immaculée ne fait que rendre compte d'une difficulté inhérente au désir masculin, puisque les Eglises sont avant tout des institutions d'hommes. Si la mère joue un rôle central dans la construction sexuelle de l'enfant mâle, c'est à condition qu'il puisse la regarder comme une femme qui assume sa sexualité et son rapport à l'homme. C'est à travers les yeux de l'homme adulte, son père, que le garçon peut regarder sa mère comme une femme et être ainsi délogé de l'endroit où il l'a tout d'abord regardée comme une mère. C'est pourquoi la femme est toujours double dans l'imaginaire masculin. S'il la voit femme, il est dans la continuité des yeux de son père. S'il la voit mère, il est dans la continuité de la place qu'il a laissée vacante auprès de la sienne.

La féminité articule le sexe à la dimension du plaisir et de la pure jouissance. La maternité le réfère à la succession des générations et à la mort. *Le désir sexuel s'épanouit ainsi dans l'écartèlement qu'il subit entre deux vectorisations antinomiques. L'une, horizontale, constitue le sexe dans le rapport au plaisir et à l'espace de sa propre génération.* Ce sont alors les images de la sorcière et de la putain, toutes deux détentrices des clefs de la jouissance, qui brillent dans les fantasmes masculins. *L'autre, verticale, réfère le sexe à la succession des générations, à la reproduction et à la mort.* Ce sont alors les images de la maternité qui sont garantes, dans l'imaginaire masculin, de la façon dont on assume la paternité.

La virilité s'énonce toutefois comme un acte qui se détourne de la mère. Le rapport de l'homme à sa propre mère peut toute sa vie continuer à déterminer les modalités de sa propre mobilité sexuelle. L'érotisme n'en reste pas moins, pour lui comme pour sa compagne, un endroit où l'on enterre le premier objet de ses amours. Que le discours de l'homme sur sa sexualité soit polarisé par la mère ne renvoie d'ailleurs pas qu'à la sienne. Cette prégnance du maternel dans la parole masculine provient surtout de la charge qui incombe à la virilité : celle de recréer la mère. Qu'on le veuille ou qu'on le refuse, n'est-ce pas le but de toute éjaculation ? Que l'homme soit le créateur et le soutien du maternel implique pour lui la nécessité de savoir s'y opposer, ne serait-ce qu'afin d'être en mesure de pouvoir librement en assumer la contrainte.

Le désir inconscient masculin est ainsi toujours ambivalent face à la mère. Ce mini-accouchement qu'est l'éjaculation peut en effet difficilement rivaliser avec la phallicité du ventre qui enfante. La virilité a ainsi tendance à se détourner de la mère. Elle se caractérise d'ailleurs par des actions contraires à l'activité maternelle, lorsque, par exemple, elle s'investit dans le combat et l'art de la guerre. Elle n'assume alors d'en être le complément que de façon antagoniste. Là où le maternel est garant du maintien de la vie, la virilité assume et réglemente l'existence de la mort. A sa façon, le prêtre en fait autant, et à ce niveau le Christ ne manquait pas de virilité. « Quoi de commun entre toi et moi, femme, disait-il à Marie, sa mère, moi, je suis tout aux affaires de mon père. »

Dans toutes les traditions, la guerre et la religion s'opposent au maternel pour en être le complément. Les civilisations qui se sont développées à la surface de la terre brillent par leur diversité. Elles ont toutes pour point commun d'exclure des activités guerrières et religieuses non point les femmes, mais celles d'entre elles qui sont mères ou destinées à l'être. L'histoire ne donne pas d'exemple de femmes qui endossent les armes ou optent pour la prophétie dans le temps de la maternité. Dans la Bible, on trouve deux prophétesses. Ce sont, comme Jeanne d'Arc, des femmes guerrières qui, sur le mode viril, tournent le dos à la maternité.

Soldat et prêtre sont les deux activités masculines qui s'opposent radicalement à la mère, du fait même qu'elles lui sont interdites. Se penser homme demande de s'être soustrait à une mère. Focale incontournable dans les objectifs conscients ou inconscients de la virilité, le rapport au maternel détermine ainsi l'acceptation ou le refus des conséquences de sa virilité. Mais qu'il s'oppose au maternel ou qu'il se donne la charge de le perpétuer, le désir inconscient qui anime la sexualité masculine ne s'énonce jamais dans une relation directe à celle qui a été sa mère. Il s'exprime dans un étrange dialecte, celui des fantasmes qui animent le sexuel.

Bien que la mère soit centrale dans sa construction sexuelle, les fantasmes érotiques peuvent difficilement, chez l'homme, représenter directement celle à qui il doit le jour. Leur rôle est de maintenir l'esprit ouvert sur les paysages de la sexualité adulte et d'en exclure les visions infantiles qu'évoquerait la mère. Ses propres fantasmes ne sont pas interchangeables avec ceux d'un autre. Ils répondent d'une solidité enracinée dans l'inconscient qui ne permet pas d'en changer à volonté. C'est ce qui indique que leurs particularités proviennent de l'enfance où se construit la sexualité. Ils n'en doivent pas moins repousser toute vision infantile de soi-même, afin de pouvoir jouer leur rôle dans la sexualité adulte. Les fantasmes sexuels correspondent à un dialecte dont on n'use que dans l'érotisme. Ils établissent un pont entre l'inconscient qui gouverne le sexe et le conscient qui répond de ses actes. Le dialecte fantasmatique étant antinomique ou complémentaire de la pensée logique et de la faculté de jugement, voyons donc quels sont les mécanismes de cette langue qui est celle de l'érotisme.

II

L'UTILITÉ DES FANTASMES DANS L'ANIMATION DU DÉSIR SEXUEL

La découverte précoce de la sexualité et la constitution des fantasmes

A l'adolescence, l'homme perçoit sa mobilité sexuelle naissante à travers les réactions nouvelles qu'il éprouve dans ses relations, notamment à l'égard de l'autre sexe. Certaines personnes attirent plus que d'autres. Elles provoquent un émoi qui active l'imagination et érotise le corps. Le réveil de la sexualité se manifeste à travers la variété des signes et des images qui mettent en mouvement le sexe. Ce sera le galbe d'une silhouette, une certaine texture de peau, l'odeur qui l'accompagne, la couleur des cheveux ou des yeux, la fraîcheur d'une voix, la vivacité d'un regard, toutes sortes de signes qui apparaissent comme prometteurs du plaisir attendu de la rencontre sexuelle.

C'est à la même époque que l'on commence à prendre conscience de ses fantasmes sexuels. Les fantasmes jouent un rôle de premier plan dans la mise en mouvement du sexe et la promesse de jouissance qui en découle. Il en va des fantasmes comme des zones érogènes, chacun possède une gamme particulière d'images et de représentations qui lui signalent son désir sexuel et actionnent des résonances corporelles plus ou moins importantes.

Les fantasmes sexuels ont pour rôle de maintenir en vie des représentations qui permettent de retrouver la révélation qu'a été la jouissance sexuelle. Ils gouvernent la mobilité sexuelle et répondent de l'intensité du plaisir qui accompagne le coït. Ils sont entre autres indispensables à la masturbation. Lorsque les hommes font état des particularités de leurs fantasmes masturbatoires, une majorité d'entre eux déclarent qu'ils utilisent des images de femmes avec lesquelles ils ont éprouvé des expériences sexuelles particulièrement agréables. Lorsque leurs fantasmes se fixent sur une femme précise, c'est généralement sur la première avec laquelle ils ont ressenti la jouissance comme une révélation. Ce n'est pas forcément la première qu'ils ont connue. C'est celle avec qui les jeux érotiques ont révélé une qualité et une intensité de la jouissance sexuelle qu'ils ignoraient jusqu'alors.

Une plus petite minorité d'hommes comprennent et expliquent les particularités de leurs fantasmes en fonction d'une révélation qui s'est effectuée dans leur enfance. C'est le cas lorsqu'ils ont rencontré un adulte qui les a sexuellement séduits. La révélation qu'a été cet événement s'est définitivement inscrite dans leurs fantasmes.

La découverte de la jouissance sexuelle peut être précoce. L'enfant est capable d'éprouver des orgasmes bien avant d'avoir atteint sa maturité. Il éprouve de toute façon la jouissance dans ses dimensions orale et anale. Il peut aussi découvrir précocement la jouissance génitale. La découverte du pénis et de son rôle dans le plaisir ne dépend pas de la maturation des testicules. Le garçon est très tôt en mesure d'éprouver des orgasmes secs, semblables à ceux des hommes que l'on a opérés de la prostate. Voici deux exemples opposés dans la façon dont un petit garçon peut découvrir la jouissance sexuelle.

Un de mes clients dont les fantasmes étaient centrés sur les femmes âgées le devait à une nourrice. Lorsqu'il avait quatre ou cinq ans, une femme de ménage venait s'occuper de lui à domicile. Elle devait avoir dans les quarante ou cinquante ans. « Dans un de mes souvenirs les plus anciens, me racontait cet homme, je la vois prendre mon pénis dans sa bouche et le sucer très doucement. C'était après m'avoir baigné. Cela me procurait des frissons merveilleux. Je m'en rappelle très bien. Elle me demandait toujours si ça me plaisait. J'ai continué à avoir des rapports oraux avec elle jusque vers neuf ou dix ans. Ensuite ma mère a arrêté de travailler et a renvoyé cette femme. Dans mes fantasmes, les femmes ont généralement une soixantaine d'années. Plus elles sont âgées, mieux ça vaut. J'ai besoin qu'elles aient de l'expérience et je m'imagine que leur corps se met à trembler et à gémir comme le faisait notre femme de ménage. Encore maintenant, je ne fais l'amour qu'avec des femmes plus âgées que moi et j'en suis tout à fait heureux. » Son attirance pour les femmes un peu mûres ne posait vraiment aucun problème à cet homme. Ce n'était pas la raison qui l'avait amené à me consulter. Il m'avait d'ailleurs présenté cet épisode comme « le secret de son enfance qui lui avait donné confiance en lui-même ». Voici maintenant un cas inverse.

« Bien que je sois devenu un comédien assez connu, me disait un autre homme, au cours d'un premier entretien, je n'ai jamais été tranquille dans ma sexualité. » Ses parents l'avaient conçu très jeunes. Sa mère était morte peu de temps après sa naissance et il avait l'impression que son père ne lui avait jamais pardonné cette mort. C'était sa façon d'expliquer des rapports aussi épouvantables avec son père. Incapable de s'occuper de lui, celui-ci s'était installé dans la débauche en ne s'adressant à son fils que pour le maltraiter. Les femmes défilaient par dizaines et c'est ainsi qu'il avait découvert la sexualité.

« Un jour, une de ses femmes m'a fait des avances, probablement par jeu. Je devais avoir une dizaine d'années. Mon père était sorti. Elle était assise sur le lit. Elle me fit approcher en me prenant la main. Elle me caressa en se dirigeant vers mon sexe. Je me mis à bander et je me souviens que ça l'amusait beaucoup. Elle sortit mon sexe, se pencha, le toucha de ses lèvres et commença à le sucer. Je crus que ma tête allait exploser. J'étais envahi de sensations dont je ne savais que faire. C'est à ce moment que mon père est revenu. La femme a déclaré que c'était moi qui lui avais fait des avances et qu'elle n'avait voulu que me faire plaisir. Ça l'a rendu violent. Il m'a brutalisé en me menaçant de me couper le sexe. Je suis resté longtemps terrorisé à l'idée qu'il puisse mettre sa menace à exécution.

« A l'époque je n'ai pas compris où elle voulait en venir. J'étais excité mais je ne comprenais pas ce qu'elle faisait. Je sais maintenant qu'elle se servait de moi comme d'un jouet et ça a dû beaucoup me marquer. J'ai toujours été craintif avec les femmes. Avant mon mariage, je ne pouvais jamais aller jusqu'au bout avec une femme. J'étais pris d'angoisses. J'avais peur qu'elle ne m'utilise que pour son seul plaisir. C'était toujours cette peur qui revenait dans mes fantasmes. Je me revoyais avec l'amie de mon père et j'essayais de la séduire sans qu'elle se moque de moi. Même maintenant je continue à me sentir fragile dans ma virilité. Dans mon métier je rencontre des tas de femmes qui me font des avances. J'ai plutôt tendance à les fuir car j'ai toujours peur qu'elles ne s'intéressent à moi que comme à un objet de jouissance. C'est comme si je les voyais toutes à l'image de l'amie de mon père. »

Ces deux exemples montrent que la découverte

précoce de la sexualité peut colorer à vie les fantasmes qui l'animent. Ils ont de plus l'avantage de préciser en quoi les rapports sexuels entre enfants et adultes peuvent être traumatiques. Si l'adulte qui a séduit l'enfant s'est adressé à lui en le respectant dans son désir et sa personne, on en entend rarement parler comme d'une expérience traumatique. En revanche, si l'enfant a été violé dans son corps et son désir par un adulte qui l'a ainsi traité comme un objet, il est rare qu'à l'âge adulte, il puisse le pardonner. La douleur physique s'oublie aisément, la douleur affective est une autre affaire. Le souvenir ne la laisse pas aussi facilement s'effacer. Etre traité comme un jouet dont on se débarrasse après utilisation est toujours destructeur. Lorsqu'une expérience de la sorte coïncide avec la révélation de la jouissance sexuelle, il est particulièrement difficile de l'oublier. Les fantasmes sexuels dépendent des premières expériences à travers lesquelles s'est révélée l'extraordinaire intensité de la jouissance sexuelle. Usant de ces événements pour se construire, ils maintiennent, pour leur propre compte, le souvenir d'une expérience traumatique que l'érotisme adulte pourra avoir du mal à dépasser.

Ce n'est donc pas d'avoir été sexuellement séduit par un adulte qui est en soi traumatique, c'est d'avoir, à cette occasion, intégré une conception de la sexualité déconnectée des processus affectifs qui font la qualité de la communication entre les êtres.

Dans sa forme la plus commune, l'entrave qu'impose l'adulte au développement sexuel de l'enfant provient surtout, et à l'inverse, de sa peur de le prendre pour un objet sexuel. C'est pour se protéger de leur propre peur d'être incestueux que ses parents le regardent comme un être asexué. Du même coup, ils interdisent à l'enfant de pouvoir se fantasmer dans le rôle et la séduction propres à son sexe. L'enfant intègre là aussi une conception de la sexualité déconnectée des processus affectifs, et donc traumatique.

A une époque où la sexualité de l'enfant commence tout juste à être reconnue, le traumatisme infantile, dont témoignent la majorité des clients des psychanalystes, consiste surtout dans l'impossibilité où ils ont été, enfants, d'intégrer une conception cohérente de la sexualité. Ne pas avoir pu se représenter et comprendre les mécanismes sexuels qui gouvernent ses parents est ainsi la première raison qui fait qu'à l'âge adulte, les fantasmes se présentent comme complètement déconnectés des processus affectifs. Il est logique qu'ils puissent alors faire peur. Dans la solitude ou la masturbation leur incompréhensible crudité ne peut plus, du même coup, que poser problème.

Les mécanismes de la séduction érotique

Dans la rencontre d'un partenaire sexuel, les fantasmes sont aussi présents, mais ils ne s'expriment pas de la même façon. Voyons ce qui se passe lorsqu'un homme rencontre une femme qu'il ne connaît pas, mais qui opère sur lui une séduction érotique. C'est tout d'abord une image, un certain nombre de signes qui l'arrêtent. L'attirance érotique s'attache aux signes venant de l'autre. Or ces signes qui permettent à un homme de regarder une femme inconnue comme une possible partenaire sexuelle émanent avant tout de sa propre sensibilité érotique. Ils ne le renseignent donc que sur ses propres fantasmes.

L'attrait sexuel utilise les qualités de la personne désirée mais, comme justement il est activé par les fantasmes, il n'en use pas de façon rationnelle. L'imagination peut amplifier les qualités attribuées à l'autre. Elle peut aussi les inventer de toutes pièces. C'est le propre des fantasmes de tordre ou de dénier la réalité pour arriver à ses fins. Le cœur a ses raisons que la raison ne connaît pas, et ce qui, chez l'autre, provoque nos réactions sexuelles ne nous renseigne pas forcément sur les qualités réelles et objectives de la personne qui nous séduit. Cela ne nous renseigne que sur nous-mêmes et nos propres fantasmes. Les images érotiques semblent provenir de ceux qui nous attirent. Elles émergent, en fait, d'une ouverture de notre propre sensibilité fantasmatique. L'érotisme va ainsi de pair avec la capacité de projeter sur l'autre sinon la crudité de ses propres fantasmes, du moins un certain nombre d'images qui rendent possible l'animation sexuelle.

Vu sous cet angle, le désir sexuel est avant tout un phénomène projectif. Renforcé par la puissance des fantasmes, l'imaginaire n'est pas exempt de leurres. L'homme réel ne coïncide jamais avec le prince charmant qui a occupé les rêveries de la jeune fille. Les apparences divines dont on pare une maîtresse évitent d'avoir à regarder en face la croqueuse de diamants. Telle est une des caractéristiques de la sexualité humaine. Elle reste, à l'âge adulte, en continuité avec celle de l'enfant : le petit voit en ses parents des divinités charnelles, l'homme adulte est tout autant capable de projeter sur une femme la déesse qui détiendra les clefs de son âme.

Les fantasmes : une pensée en images

La projection fantasmatique dont dépend l'animation sexuelle utilise de façon préférentielle les représentations d'images. La pensée usuelle privilégie la raison et les mots. La pensée érotique donne la primeur à l'image. Articulées entre elles, comme dans un scénario, les images érotiques jouent dans la sexualité le rôle d'un carburant psychique. Certaines images activent plus fortement la machine fantasmatique. D'où les revues et les films pornographiques : en commercialisant des images pour bander, ils permettent en quelque sorte de faire tourner à vide le moteur de la sexualité.

Chacun n'en possède pas moins une fantaisie imaginative qui lui est propre. La banale uniformité de la pornographie témoigne avant tout de l'impossibilité où est l'être humain de se débarrasser de ses fantasmes. La conscience et la raison n'ont guère prise sur la prégnance des images fantasmatiques. La force inconsciente des fantasmes sexuels renverse aisément tous les barrages que tente d'y opposer la conscience morale. Le conscient et la morale sont régis par les mots, l'inconscient leur oppose un foisonnement d'images qui, comme dans les rêves, déjouent l'ordre habituel des pensées. Chacun le pressent, les bizarreries fantasmatiques émanent de l'inconscient et se présentent comme des scénarios. « Arrête ton cinéma », dira l'homme à celle qui lui casse les pieds. Inversement, s'il est sensible à ses charmes, il ne verra pas qu'elle lui en met « plein les mirettes ».

A l'âge adulte, les fantasmes sexuels s'imposent ainsi à l'esprit comme une succession d'images, de scénarios non seulement propres à chacun, mais de plus assez inamovibles dans la façon dont ils reviennent sous une forme identique. Dans la masturbation, par exemple, la succession des images est aussi indispensable au plaisir que le travail de la main. Or, si l'onanisme peut déranger, c'est avant tout par sa monotonie et la pauvreté du scénario imaginaire qui l'anime. Ce scénario peut bien sûr adopter toutes les variantes. Dans son déroulement, il n'en est pas moins assujetti à se répéter de façon identique. La masturbation ne peut en effet s'exprimer dans les représentations psychiques que comme la reconnaissance d'un manque de communication érotique. Comment d'ailleurs pourrait-elle gratifier autre chose ? A travers les fantasmes, l'organisme exprime son besoin de communication sexuelle. Pour cela, il valorise les réminiscences d'une expérience érotique antérieure qui n'exclut pas l'érotisme infantile.

Sous cet aspect, les fantasmes masturbatoires peuvent paraître assez pauvres. On y voit soit les simples images d'un coït, soit des images autrement plus crues, aux yeux mêmes de celui qui les produit. Les premières peuvent briller d'une émotion qui s'enracine dans les profondeurs de l'être. Les autres mettent en scène le pénis dans ses relations à tous les autres orifices du corps : le vagin mais aussi l'anus, la bouche, les seins, les yeux ou les narines. Que les fantasmes jouent alors des charmes aussi effrayants que fascinants du sadomasochisme, ou qu'ils évoquent d'autres territoires érotiques, ce qui les caractérise avant tout, c'est de pouvoir apparaître aussi invraisemblables qu'incompréhensibles à celui même qui les utilise pour son plaisir.

Lorsqu'elle apparaît contraire à la morale et à la conscience, une telle production d'images peut être vécue comme un encombrement. Les mots manquent pour en parler. Honte et culpabilité verrouillent un endroit où le fantasme se maintient comme un diable qui, présent en soi-même, donne l'impression d'être double. Le respectable Dr Jekyll devient ainsi, dans les fantasmes, le terrible Mr Hyde qu'il incarne la nuit venue. Le principal problème est alors l'impossibilité de la personne à comprendre sa propre langue fantasmatique. Les fantasmes ne sont rien d'autre qu'une pensée en images. Encore faut-il pouvoir comprendre la logique de cet étrange dialecte dont dépend la sexualité.

La place de la jouissance de l'autre dans les fantasmes

Alors même qu'ils peuvent paraître encombrants, les fantasmes jouent un rôle de soutien et de moteur dans la sexualité de l'homme adulte : c'est leur fonction première et du même coup nécessaire. Ressentis comme le ricanement d'un diable intérieur, ils ne sont que le rappel d'une fonction vitale, celle où l'âge adulte impose la nécessité de vivre sa sexualité. Les fantasmes se constituent dans l'enfance, mais à quoi correspond le processus de fantasmatisation tel qu'on peut l'observer chez l'enfant ?

Imaginons un enfant de quatre ou cinq ans qui désire jouer avec sa mère. Il le lui demande mais elle répond que c'est impossible. Elle a autre chose à faire. Face à elle, il comprend la rationalité de l'argument et s'en va jouer seul dans sa chambre. Mais dans la solitude, tout en jouant, il réinterprète cet événement qui a fait obstacle à son désir. C'est alors que la pensée fantasmatique se met en œuvre. En dialoguant avec des personnages imaginaires, il leur laisse entendre que l'obligation où est sa mère de faire autre chose l'a privée du très grand plaisir de jouer avec lui. S'il a vécu le refus de sa mère comme une punition, il pourra même réexpliquer l'événement en laissant entendre qu'il lui a fallu priver sa mère du plaisir qu'elle aurait pris s'il lui avait permis de jouer avec lui. Voilà à quoi correspond le travail de fantasmatisation. *Les fantasmes redonnent au sujet une place active aux endroits où les processus désirants dépendent de l'autre.* Usant de la pensée rationnelle, l'enfant peut comprendre que sa mère a autre chose à faire que de jouer avec lui, mais dans ses fantasmes, il semble ignorer qu'elle puisse être gouvernée par autre chose que son désir à lui.

L'enfant battu par ses parents en est un autre exemple : dans la pensée rationnelle, l'enfant peut concevoir qu'il s'agisse là d'une punition qu'il a méritée. Mais si l'événement se répète trop souvent, il aura tendance à l'interpréter, dans ses fantasmes, comme le signe certain de l'irrésistible désir que ses parents ont pour lui. Il pourra alors développer des fantasmes masochistes afin de ne pas les priver du plaisir qu'il leur procure. En regardant les choses ainsi, on commence à comprendre pourquoi l'érotique sadomasochiste est si fréquente chez l'adulte.

Les fantasmes érotiques maintiennent dans la sexualité adulte le fonctionnement par lequel ils ont pris forme dans l'enfance. Ils peuvent ainsi mettre en scène des événements qui, dans la vie quotidienne, seraient vécus comme tout à fait désagréables. L'idée de battre quelqu'un ou de se faire battre, celle de le surprendre dans sa nudité ou d'être soi-même violé dans son intimité peuvent avoir dans les fantasmes la même valeur de jouissance érotique. Masochistes, les fantasmes sont polarisés par la création d'un maître tout-puissant en matière de sexualité. Sadiques, ils tentent de revaloriser la jouissance de l'autre. Voyeuristes, ils cherchent à la saisir. Exhibitionnistes, ils essaient de la provoquer.

Les fantasmes sexuels sont ainsi des représentations qui apparaissent comme partie prenante de la jouissance d'un autre. Le plaisir qu'ils provoquent ou qu'ils devancent maintient en vie la possibilité de s'investir comme le principal acteur de cette jouissance. La façon dont ils s'énoncent sur un mode passif ou actif est indépendante du sexe du sujet. Dans les fantasmes, c'est avant tout le Je désirant qui s'inscrit au centre de la jouissance d'un autre. « Je veux voir » ou « Je veux être vu », « Je veux battre », ou « Je veux être battu » sont des propositions qui soutiennent avec la même intensité le fait de s'inscrire sur l'une ou l'autre des deux faces d'une dualité jouissante.

Les fantasmes peuvent choquer ou déplaire. Ils peuvent même apparaître à l'esprit comme des intrus indésirables. Ils n'en sont pas moins le produit d'un travail de maturation psychique qui s'est effectué dans l'enfance. Qu'elle soit sexuelle ne change rien au fait que l'imagination est dépendante d'un système de représentations qui ne s'intègre qu'après la naissance. C'est pourquoi *les fantasmes érotiques sont le produit de la façon dont l'enfant a développé son esprit dans le domaine de l'investigation sexuelle.*

Don Juan et le fantôme de son père [1]

La vie fantasmatique d'une personne ne se résume pas à ses fantasmes sexuels. Ceux-ci ne sont qu'une des émergences par lesquelles se signale l'enracinement inconscient de la pensée fantasmatique. La psychanalyse est à ce niveau une des seules voies qui, dans notre culture, ait tenté de comprendre quelque chose à la vie inconsciente et aux fantasmes par lesquels elle se représente. Le travail y est parfois ardu. Les racines des fantasmes sexuels prennent source dans la petite enfance. Elles se constituent dans le rapport aux parents, à ce qu'ils énoncent, mais aussi dans le rapport à leur inconscient, à ce qu'ils taisent. Certaines bizarreries des scénarios sexuels ne concernent pas que

1. Ce cas clinique ainsi que le suivant ont déjà été publiés dans *Le Bloc-Notes de la psychanalyse,* n° 9, Georg Editeur, Genève, 1990.

l'enfance et l'histoire de celui qui les produit. Les bizarreries fantasmatiques peuvent servir de cache à une situation traumatique de l'enfance que l'âge adulte tente en vain d'oublier, elles peuvent aussi provenir de l'histoire de ses parents ou même de ses grands-parents. Elles peuvent être le produit de ce qui nous est légué par nos ancêtres. Dans ce cas, l'image du carburant que sont les fantasmes dans la sexualité adulte est toujours valable, mais le véhicule qu'est la sexualité, n'en faisant qu'à sa tête, semble manœuvré par un conducteur fantôme. Le donjuanisme illustre souvent assez bien cela.

Qu'est-ce donc, en effet, que cet étrange voyage qui conduit don Juan à l'obligation de satisfaire toutes les femmes qui passent à sa portée ? Le rythme infernal d'une telle sexualité n'évoque-t-il pas un voyage au pays des fantômes ?

Un de mes clients, qui s'était structuré dans une telle sexualité, semblait, à l'entendre, ne jamais avoir connu le moindre repos dans ses ébats érotiques. Très jeune, il avait dépucelé un nombre impressionnant de cousines. C'est ainsi qu'il avait pris pied dans le monde des femmes et la passion d'en déchiffrer le mystère. Il avait développé la capacité de soutenir à la fois cinq ou six relations plus ou moins fixes, ce qui ne l'empêchait nullement de brûler d'une passion ardente pour toute autre nouvelle figure féminine qui venait à croiser son chemin. La richesse des scénarios qu'il mettait en scène pour les unes et les autres débordait d'imagination. Son seul désir étant de toutes les satisfaire, il était passé maître dans l'art de travestir sa propre réalité jusqu'à changer de personnage en passant de l'une à l'autre. C'était le seul moyen qu'il avait trouvé pour pouvoir les combler toutes à la fois, dans la diversité de leurs goûts et de leurs rêves.

Cette aisance à changer de peau laissait aussi entendre qu'il n'avait jamais pu habiter la sienne. Fils unique d'une mère qui continuait à n'exister que pour lui, il avait eu dans son enfance le rôle écrasant de soutenir à lui seul toute la mobilité imaginative de sa mère. Etant pour elle le seul et unique centre de tous les rêves, il semblait continuer, sur cette ligne, à ne pouvoir qu'honorer, de son corps et de ses rêves, toutes les femmes de la création. A l'entendre, il n'avait pas la moindre idée de ce qu'aurait pu être une peau qui lui soit propre. Il était par contre passé maître dans l'art d'en changer au gré de la satisfaction de l'autre. N'ayant aucune raison de se plaindre de sa propre virilité, don Juan ne pouvait du même coup s'expliquer pourquoi il se sentait si mal dans sa peau. Timide dans sa façon de consulter, il redoutait que la psychanalyse ne puisse remettre en cause une liberté sexuelle qui était sa seule passion, mais son incapacité à se fixer sur aucune des nombreuses femmes dont il me parlait commençait aussi à lui poser problème.

Je l'interrogeai sur son père. Il me le présenta comme un personnage taciturne et sombre avec lequel il n'avait jamais eu le moindre rapport structurant. Militaire de carrière, ce dernier avait été mis à la retraite à la suite d'un malencontreux accident survenu au cours d'exercices. Il en était ressorti légèrement paralysé d'une jambe et sa retraite anticipée l'avait plongé dans une profonde dépression à tonalité religieuse. Il s'était peu à peu retranché du monde, passant la plus grande partie de son temps enfermé dans sa chambre à méditer dans l'ombre ou à lire des ouvrages de théologie. C'est ainsi qu'il s'était détourné de son fils autant que de sa femme, et don Juan avait été, dès son plus jeune âge, le seul soutien affectif de sa mère.

C'était elle-même une femme que la vie avait meurtrie. Avant de voir sombrer son mari dans une totale indifférence pour les choses de ce monde, elle avait vu mourir trois frères à la guerre. Elle était ainsi la dernière survivante d'une fratrie où elle était de plus précédée de deux bébés filles, toutes deux mortes très peu de temps après leur naissance. Ses trois frères laissaient derrière eux une très nombreuse progéniture entièrement féminine. Seul descendant mâle de sa lignée maternelle, c'était avec cette triple fratrie de cousines que Don Juan avait, dès la petite adolescence, structuré cette étrange générosité phallique qui était la sienne.

Il me fréquentait déjà depuis pas mal de temps lorsqu'une production onirique, pourtant banale de la part d'un homme, le bouleversa outre mesure. En rêve, il s'était vu en train de coïter avec sa mère. Aucune autre image n'accompagnait cette vision d'effroi. Aucune association ne lui permettait de m'en dire plus. Il ne pouvait voir en ce rêve qu'une effroyable révélation sur l'insanité de son désir. Cela semblait l'avoir profondément désespéré. Il se traitait de tous les noms. Pour la première fois depuis le début de nos rencontres, Don Juan me présentait le scénario d'un homme envahi par la honte.

Assez interloqué de voir ce valeureux défenseur de l'érotisme être à ce point bouleversé par la révélation d'un désir œdipien, j'essayai maladroitement de lui dire que ce genre de rêve est l'apanage de tous les hommes. Cela le fit fondre en sanglots. « Non, vous ne comprenez rien, dit-il en suffoquant, ce rêve n'est pas un désir ancien, maintenant je le sais, c'est un désir tout à fait actuel. Je le sens. Toute ma vie sexuelle ne faisait que le cacher. » Il était à nouveau au bord des larmes. « Et maintenant, je le sais », ajouta-t-il en s'effondrant comme un enfant.

Ma tentative de lui parler venait de m'installer dans la position d'un père impuissant. C'était le seul sens qu'il pouvait donner à mes paroles. « J'ai bien compris, gémissait-il, vous n'avez jamais été confronté à un cas aussi invraisemblable que le mien. » Il m'avait ainsi installé dans le costume d'un père incapable de lui interdire l'obscénité de son désir. Les semaines suivantes le confirmèrent. Alors qu'auparavant, sa vie onirique était aussi riche que les scénarios qui agrémentaient ses ébats amoureux, depuis cette fatidique séance, don Juan ne rêvait plus que d'une seule chose : il se voyait en train de coïter avec sa mère. Nuit après nuit, ce même rêve revenait avec une effrayante monotonie qui paralysait sa très grande mobilité imaginative habituelle. Ne voulant y voir que la vérité de son propre désir, la lucide conscience diurne de cette monstrueuse activité nocturne le laissait dans la journée profondément abattu. Il en perdait tout goût pour les jeux érotiques. Face à moi, il se lamentait sur mon incapacité à l'aider dans cet étrange destin où il voyait son désir aboutir.

Il s'était montré comme un enfant phobique, criant « au feu » et désignant du doigt le sexe de sa mère comme le lieu redouté d'un effroyable désir. Il semblait maintenant ne pratiquer mon divan que comme le lieu d'un effondrement où, à l'image de son père, il venait allonger une impossible douleur. Il s'accusait de ne jamais avoir éprouvé aucun désir vrai en dehors de ceux, incestueux, qu'il avait si longtemps voulu se masquer. Il ne s'en cramponnait pas moins à moi comme à une bouée de sauvetage. J'étais celui qui lui avait révélé l'origine de ses souffrances, mais il semblait aussi me vouloir incapable d'autre chose que de contempler, impuissant et muet, son terrible destin.

Dans les séances qui avaient précédé, des rêves lui avaient remis en mémoire plusieurs scènes de son enfance. L'une, où sa mère organisait les jeux d'enfant avec ses nombreuses cousines, l'avait ramené à sa découverte précoce de la sexualité et aux ruses que, plus tard, à l'adolescence, il avait très vite imaginées pour pouvoir, dans la même nuit, passer de l'une à l'autre. J'avais alors émis l'idée que ce harem de cousines l'avait, dès la petite enfance, soulagé de l'investissement massif et quelque peu encombrant de sa mère. Le rêve avait ainsi surgi comme une réponse à mes paroles. Depuis lors, don Juan semblait mettre toute son énergie à me démontrer que ce rêve était bien, comme il l'avait lu chez Freud, le produit d'un désir inconscient. La façon dont le rêve se répétait inlassablement faisait plutôt penser à la réminiscence d'un événement traumatique. Mais lequel ?

Don Juan ne semblait pouvoir faire de moi qu'un Commandeur impuissant. J'essayai d'en articuler le levier, en lui faisant remarquer qu'il ne m'avait jamais vraiment parlé de la sexualité de son père. Il commença par protester, argumentant que je le détournais de ses propres associations, pour en conclure que de toute façon il m'avait tout dit de son père. « Non, lui dis-je, vous semblez n'avoir aucune représentation de ce qu'était votre père avant son accident. » Le silence qui succéda laissait entendre que mes paroles avaient porté.

Il avait un peu plus de quatre ans au moment de l'accident de son père. Non seulement aucun souvenir ne surnageait de cette époque, mais il n'avait pas non plus la moindre idée de ce qu'avait été la sexualité de son père avant qu'il ne rencontre sa mère. Il se rappela alors qu'un jour où il l'avait mise en colère, Natacha, l'une de ses cousines, lui avait jeté à la figure qu'il était bien comme son père, un horrible coureur de jupons. Une autre fois, cette même Natacha lui avait raconté que sa mère à elle avait été la maîtresse de son père à lui. Il n'avait sur le moment guère accordé crédit à ces racontars de femme capricieuse, mais, en y repensant, il se demandait si Natacha avait dit vrai. L'idée semblait l'amuser. « En tout cas, ajouta-t-il en riant, si papa a été l'amant de tante Bronchka, il n'a pas été le seul. »

Je lui fis remarquer que je n'avais jamais entendu parler de cette tante. Il me la décrivit comme une femme cultivée, mondaine et aimant la vie. Elle était l'exact opposé de sa mère et c'est pourquoi elle n'avait pas très bonne réputation dans la famille. On lui reprochait justement le trop grand nombre d'hommes qui avaient succédé à la perte de son époux. Bien qu'il ne l'ait pas revue depuis longtemps, lui-même avait toujours eu d'excellents rapports avec elle. Autant il lui apparaissait impossible de questionner sa mère sur la sexualité de son père, autant il lui paraissait aisé de vérifier auprès de cette tante si Natacha, sa fille, avait fabulé ou dit vrai. C'est ce que fit don Juan. Il rendit visite à sa tante et en revint, à la séance suivante, encore plus bouleversé. Il avait, sans le vouloir, découvert l'horrible clef qui actionnait le mystère de sa vie fantasmatique.

En sa tante, il avait retrouvé une personne encore vive et pétillante. Cette femme vieillissante et bavarde semblait ravie de répondre à ses questions. Elle comprenait fort bien qu'il veuille entendre parler de la jeunesse de son père et elle s'empressa de lui en brosser un portrait étrangement différent de celui de l'homme qu'il avait connu. Elle lui décrivit à grand renfort d'images les aventures d'un jeune officier très galant et très apprécié des femmes. Il avait reçu cette vision inhabituelle de son père avec l'étrange sensation d'une douleur au ventre. Submergé par le flot verbal qu'il avait déclenché, il s'était senti de plus en plus mal. Afin de se ressaisir, il se fixa sur l'objet de sa venue, en essayant maladroitement de lui faire avouer une aventure avec son père. Elle semblait ne pas comprendre. Obnubilé par l'idée que cette aventure aurait pu avoir lieu du temps de son enfance à lui, il la questionna sur ce qui s'était passé pour son père à cette époque. Le flot verbal s'interrompit : « Tu veux parler, soupira-t-elle, de ce terrible accident qui l'a rendu impuissant ? »

En l'entendant, il avait eu l'impression d'être foudroyé sur place. Fait plus étrange, il avait eu aussi, dans le même temps, la sensation de savoir cela depuis toujours. Elle-même avait mentionné la chose sans se douter qu'il l'ignorait. Comment aurait-elle pu imaginer qu'on ait pu lui cacher, à lui, le drame de son propre père ? En m'en parlant, il voyait d'un autre œil les raisons pour lesquelles les paroles sur le sexe avaient été taboues tout au long de son enfance. Il ouvrait des yeux d'enfant sur le drame que son père avait eu à vivre, mais du même coup, il s'était arrêté de gémir.

Cette visite chez cette vieille tante ne mit pas seulement un terme à ses lamentations sur mon impuissance à l'analyser. Elle mit définitivement fin à son obsession d'un désir, qu'il prenait pour vrai, de faire l'amour avec sa mère. Le rêve qui revenait jusqu'alors de façon répétitive ne se reproduisit plus jamais. Don Juan pouvait dès lors comprendre de quelle façon s'étaient constituées les particularités de sa vie fantasmatique. Il avait quatre ans et demi au moment de l'accident. Ses parents lui avaient caché le drame, mais l'enfant ne l'avait que mieux perçu inconsciemment.

Du côté de sa mère et des femmes de sa famille à elle, il voyait clairement comment les choses s'étaient passées. Déjà investi, dans l'inconscient de sa mère, comme le dernier descendant mâle de sa lignée à elle, il était brusquement devenu le dernier homme sexuellement valide de cette lignée. Etant en deuil de leurs maris et n'ayant que des filles, les deux autres belles-sœurs de sa mère avaient contribué à cet investissement inconscient et massif de son entrejambe. Autant dire que ces deux tantes, qui voyaient d'un mauvais œil les frivolités de celle qu'il avait revue récemment, avaient littéralement poussé leurs filles à aduler ce seul rejeton mâle. De là, il n'avait eu qu'un pas à franchir, répondre aux avances de ses cousines, pour assumer le rôle du descendant toujours valide et prêt à le prouver par ses prouesses sexuelles.

Du côté de son père, don Juan mit plus longtemps à comprendre comment s'étaient construits les mécanismes de sa structure fantasmatique. Il lui fallut tout d'abord retrouver l'image idéalisée qu'il s'était faite de son père dans les premières années de sa vie, et que l'accident avait reléguée dans les soubassements de l'inconscient. C'était la raison du malaise qu'il avait ressenti au moment où sa tante lui avait parlé de ce père jeune et séduisant qu'il croyait ne jamais avoir connu. Le portrait qu'elle lui en avait fait renvoyait à des images dont il avait tout oublié. Une nouvelle série de rêves mit l'accent sur la passion que, tout petit, il avait portée à son père et sur le drame qu'avait été pour lui de le voir brusquement se retrancher du monde. Il comprit alors d'où provenait la dimension compulsive et répétitive de sa sexualité. Cet endroit où la sexualité l'agissait plus qu'il n'agissait sur elle lui apparut comme la tentative inconsciente de continuer à faire vivre, en lui-même, ce grand séducteur qu'avait été son père. Telle fut pour lui la découverte la plus étrange de ce que cachaient les apparences de sa grande liberté sexuelle.

Dans sa lignée paternelle, la sexualité des hommes semblait être manœuvrée par les fantômes des pères. L'accident du sien était survenu à l'âge même où le père de son père était mort. Ce grand-père avait disparu dans la fleur de l'âge au cours d'un accident de chemin de fer. On pouvait voir là le nœud d'une répétition. C'était la raison que trouvait don Juan pour expliquer que son père lui avait, à ce point, caché le drame de sa vie. Au sortir de cet accident, il s'était vu comme mort vivant. Il avait à coup sûr pensé au suicide, mais il n'avait pas voulu imposer à son fils la terrible douleur qu'il avait lui-même connue avec la disparition de son père. Ne trouvant que la religion comme soutien où ruminer son malheur, il avait d'autant mieux focalisé l'inconscient de son fils sur le terrible destin des hommes de sa famille et, dès la puberté, don Juan s'était retrouvé en devoir d'en réparer l'injustice.

Depuis qu'il avait pu reconnaître le fantôme de son père dans la dimension compulsive et insatisfaisante de sa sexualité, don Juan commençait à se sentir mieux dans sa peau. Ayant réinscrit les mouvements de sa sexualité dans la continuité des hommes de sa famille, il pouvait découvrir, en lui-même, le premier embryon d'un désir d'enfant.

III

COMMENT SE CONSTRUIT LE SEXE MASCULIN

La sexualité bourgeoise ou l'apogée de la barbarie sexuelle

Il est difficile de situer l'impact de la découverte freudienne sans la réinsérer, ne serait-ce que très brièvement, dans l'histoire de la sexualité du monde occidental. Contrairement à ce qu'on a l'habitude de croire, la sexualité était beaucoup moins problématique au Moyen Age qu'au XIXe siècle. Le puritanisme dont hérite notre culture lui vient surtout de la bourgeoisie. Du temps de la noblesse, la sexualité était plus librement vécue. Regardons à travers un document de l'époque comment se présentait alors la sexualité.

Heroard était à la cour des Bourbons le médecin particulier du jeune Louis XIII. Tous les jours il notait scrupuleusement les événements de la vie du Dauphin. C'est ainsi que nous a été transmis comment, dès son plus jeune âge, le Dauphin assistait avec toute la cour aux ébats sexuels de ses parents royaux, Henri IV et Marie de Médicis. Le 1er janvier 1603, Louis XIII a un peu plus de trois ans et Heroard écrit : « Porté en la chambre de la Reine où le Roi est venu, le Dauphin voit que le Roi la baisait. Il la lui fait baiser plusieurs fois [1]. » La liberté du sexe à la cour de France allait ainsi de pair avec une grande liberté de parole. Le jeune Dauphin est présenté par Heroard comme un enfant qui joue beaucoup avec son « guillery », son sexe, et en parle facilement à ceux qui s'occupent de lui. Le puritanisme sexuel de notre culture apparaît plus tardivement et s'affirme au XIXe siècle.

Juste avant la Révolution, la bourgeoisie commence à sécréter ses propres maîtres à penser. Ceux-ci prônent une répression sexuelle aussi absurde que délirante. L'année 1760 voit la publication d'un premier livre sur les méfaits de la masturbation qui va, peu à peu, déchaîner sur l'Europe un vent de folie antimasturbatoire dont les effets continuent de nos jours à se ressentir. C'est le livre du Dr Tissot, *L'Onanisme, dissertation sur les maladies produites par la masturbation.* Réédité jusqu'en 1905, cet ouvrage est suivi de toute une littérature qui divague sur les méfaits du sexe. Médecins et pédagogues unissent leurs voix afin de mater la sexualité des adolescents. Nombreux collègues et lycées octroient, au XIXe siècle, plus de place à la lutte contre la masturbation qu'à l'enseignement lui-même. Ce fanatisme n'épargne pas les filles. Afin de lutter contre leur « trop grande lubricité », c'est l'Europe qui préconise la clitoridectomie. En 1882, le Dr Zambaco conseille la cautérisation au fer rouge du clitoris. En 1894, le Dr Pouillet lui préfère le nitrate d'argent à l'aide duquel sera brûlée toute la surface de la vulve afin qu'après cette intervention, le moindre frottement provoque une vive douleur. Il faudra attendre 1912 et la création de la première société de psychanalyse pour qu'on puisse recommencer à consi-

1. « Le journal d'Heroard », *Nouvelle Revue de psychanalyse*, n° 19, Paris, Gallimard, 1979.

dérer la masturbation comme normale dans l'enfance et l'adolescence.

Auparavant, les idéologues bourgeois ne reconnaissaient la sexualité de l'enfant que pour mieux la réprimer. Notre culture ignorait alors la façon dont l'enfant développe sa spiritualité et son esprit à travers l'investigation de la sexualité.

Derrière le masque de la moralité et de la bienséance, les pédagogues du XIXe siècle pouvaient initier, en toute bonne conscience, les enfants à une sexualité perverse. Avant même que l'enfant en ait eu conscience, ils réprimaient la masturbation. Pour cela, ils maîtrisaient son corps, en donnant libre cours à leurs pulsions sadiques. Lorsqu'on les traite ainsi en les violentant, les enfants ne se trompent pas sur la nature sexuelle des sévices qu'on leur impose. Comme ces enfants qui rient au moment où leur père les fouette, ils peuvent essayer d'annuler cette violence en lui donnant sa valeur de jouissance sexuelle. Mais dans leurs fantasmes, ils en concluent que la sexualité adulte est fondamentalement sadique.

L'impact de la parole maternelle dans la construction sexuelle de l'enfant

Le grand apport de Freud consiste à avoir situé l'enfance comme une période formative de la sexualité. L'être humain vient au monde prématuré. Ses cellules nerveuses n'achèvent leur construction qu'autour de la troisième année. Comme pour d'autres espèces, sa prématuration est physique. Elle est de plus, chez lui, redoublée d'une prématuration psychique dont dépend la construction de ce que nous appelons l'esprit. Ce dernier se construit dans la relation à une langue maternelle : un système de représentations qui associe les mots aux sensations et aux images. Avant de naître, le fœtus ignore autant ce système de représentations que l'existence de l'air. S'il différencie aisément les bruits internes à la matrice de ceux qui sont externes, ces bruits n'ont qu'une valeur musicale. Le fœtus peut entendre les mots mais il ne peut les associer à aucune image.

Se présentant sous forme d'images ou de mots, notre système de représentations est du domaine d'un acquis qui succède à la naissance. Pour résoudre sa prématuration psychique, l'homme use ainsi d'une langue maternelle qui joue le rôle d'un placenta dans la formation de l'esprit et la construction des fantasmes sexuels.

Il est difficile de concevoir le psychisme humain indépendamment de la langue et du système de représentations qui lui donnent forme. L'imagination, les particularités par lesquelles l'esprit se développe différemment, d'une personne à l'autre, dépendent de cet enracinement dans le placenta des mots et de la langue d'origine. Les fantasmes érotiques n'échappent pas à cette règle. C'est ce qu'éclaire la théorie freudienne de l'Œdipe. Elle explique de quelle façon l'enfance est une période de formation de la sexualité, au cours de laquelle le petit homme imagine des relations sexuelles avec ses parents et constitue ainsi la fantasmatique qui sera la sienne à l'âge adulte.

La plupart des adultes n'ont pourtant aucun souvenir des investigations sexuelles qui ont été les leurs au cours de l'enfance. De plus, les quelques souvenirs qui surnagent ne leur apparaissent pas forcément liés à un questionnement sur la sexualité. C'est une des raisons pour lesquelles la découverte par Freud de la sexualité infantile a soulevé en son temps le ricanement de bon nombre de ses contemporains.

La théorie freudienne ne s'étonne pas que la majorité des adultes n'aient pas de souvenirs de leur sexualité infantile. Freud avance que cet oubli, qu'il appelle le *refoulement,* fait partie de l'évolution humaine et y occupe une fonction dynamique. Le refoulement permet en effet de ne pas s'éterniser dans l'enfance. C'est pour cela qu'il relègue dans les oubliettes de l'inconscient le fait que les parents aient généralement été, dans les fantasmes de l'enfant, ses premiers partenaires sexuels.

La rareté des souvenirs de la petite enfance s'explique autrement. Les souvenirs provenant de l'enfance sont sélectifs et ne rendent généralement compte que des particularités par lesquelles l'enfant s'est connecté à ce placenta psychique qu'est la langue maternelle. Nous ne possédons généralement aucun souvenir des années qui ont précédé l'entrée dans la parole. Les premiers souvenirs ne s'inscrivent qu'au moment où l'enfant est capable de reprendre à son compte l'usage des mots. Ces souvenirs sont de plus, pour la plupart, des souvenirs reconstruits qui résument la façon dont on s'est intégré dans un système de représentations. Freud appelle ce genre de souvenirs des « souvenirs couvercles ». Il les caractérise par le fait qu'on s'y visualise soi-même sous les traits de l'enfant que l'on a été. C'est ce qui indique qu'il ne s'agit pas de souvenirs réels mais de souvenirs reconstruits ultérieurement par les processus mêmes de la pensée fantasmatique.

Privé de la possibilité de jouer avec sa mère, l'enfant le réinterprète en y réinscrivant la puissance de son Je désirant : dans ses fantasmes, c'est lui qui la prive de ce plaisir. De la même façon, les souvenirs se fixent autour d'une image où l'on se voit soi-même. Les fantasmes sexuels inscrivent celui qui les produit au centre de représentations qui évoquent la jouissance d'un autre. Les souvenirs reconstruits maintiennent vivante la façon dont on s'est inséré dans le système de représentations des autres, en y surajoutant une image de soi-même.

La construction fantasmatique par laquelle l'enfant se donne une image de son propre sexe dépend donc de la langue maternelle, du vocabulaire en usage dans la bouche des parents. Que ceux-ci ne puissent assumer avec des mots la réalité de leur sexe est alors la première chose qui risque de perturber la construction sexuelle de l'enfant. « On ne parle pas de ça », disait une mère installée sur un banc public à son fils de trois ans qui était venu lui demander : « Pourquoi mon zizi il est dur ? ». « Il ne faut pas ! » répétait-elle nerveusement comme pour ne pas sombrer elle-même dans le vide. L'enfant s'immobilisa, comme sidéré. Sa visible stupeur venait du fait qu'il découvrait que sa mère n'avait pas de mots pour parler un acte de son corps.

C'est cette absence de mots qui crée des béances dans le système de représentations sexuelles de l'enfant. Ce sont ces trous auxquels l'enfant est confronté dans la langue maternelle qui génèrent à l'âge adulte des inhibitions ou des perversions sexuelles. Lorsque les parents se refusent ou ne peuvent parler de la façon dont ils ont eu eux-mêmes à assumer le sexe et la mort, ils condamnent l'enfant à n'avoir pas d'autre recours que sa seule imagination pour se donner une idée de la place du sexe dans les relations humaines.

Il suffit par exemple qu'incapable de parler sa mère lui retourne une gifle à la première question qu'il pose sur ses érections pour que le garçon n'ait plus qu'un pas très court à faire en direction d'une organisation perverse de ses pulsions viriles. La pensée rationnelle et la pensée fantasmatique ont des fonctionnements antinomiques : la pensée rationnelle soutient la faculté de jugement, la pensée fantasmatique soutient la mobilité sexuelle. Elle permet de se concevoir comme le possible acteur de la jouissance d'un autre. Lorsqu'il reçoit une gifle, l'enfant peut difficilement intégrer cet événement à l'aide de la seule pensée rationnelle. Il peut bien sûr penser que sa mère est excédée ou fatiguée. Mais s'il pense ainsi, il ne joue plus aucun rôle dans cette gifle qu'il a reçue. Si cette dernière est liée à un acte de son corps, un plaisir corporel ou à plus forte raison une érection, elle met donc automatiquement en mouvement la pensée fantasmatique. C'est en effet la seule façon qu'il a de se penser actif dans cette gifle qu'il a reçue.

Toute punition pourra ainsi devenir, dans les fantasmes de l'enfant, la preuve de l'amour que ses parents lui portent et l'assurance de la jouissance corporelle qui les relie à lui. Ayant pris une gifle à cause de la dureté de son membre, le garçon en conclura, dans ses fantasmes, que cette dureté du pénis est liée à une méchanceté qui caractérise les hommes. Il comprendra du même coup que sa mère redoute autant qu'elle désire cette méchanceté ou cette dureté propre aux hommes. La gifle deviendra ainsi dans ses fantasmes le signe certain d'une jouissance dont il prive sa mère. Mais, devenu homme, il risquera de ne pas savoir quoi faire de ses pulsions viriles car il les appréhendera en lui comme des pulsions sadiques.

Si les parents se refusent ou ne peuvent laisser imaginer à l'enfant leur propre rapport à la jouissance adulte, ce dernier est contraint d'élaborer des théories sexuelles erronées. Découvrant que sa mère n'a pas de pénis, le garçon peut le comprendre comme une absence pure et simple. Si la parole ne lui apprend pas que l'homme et la femme ont, à cet endroit, des orifices différents, il pourra ignorer que sa mère possède un orifice complémentaire du pénis. S'il entend que le pénis joue un rôle dans la reproduction, il pourra tout d'abord y voir quelque chose d'incompréhensible. Papa a-t-il à ce point des urines différentes des siennes ? Se fixer à cette question est la porte ouverte vers l'urolagnie : la fétichisation sexuelle des urines. S'il comprend que le père use de son pénis pour pénétrer la mère, mais s'il ignore que la mère possède aussi son propre orifice sexuel, il essaiera de comprendre la chose à partir du fonctionnement de son propre corps et des orifices dont il connaît l'usage. Papa féconde-t-il maman par la bouche ou par l'anus ? Il inventera alors un modèle sexuel qui ne se référera qu'à la jouissance infantile qu'il a connue avec sa mère. Mais à l'âge adulte, il risquera d'avoir tendance à rechercher une bouche ou un anus plutôt qu'un vagin pour user de son pénis.

Les figures de la perversion sont, à partir de là, aussi riches que les tableaux de Jérôme Bosch. La comparaison est à prendre au sérieux. Toutes les bizarreries de la sexualité humaine proviennent de la richesse imaginative de l'enfant, lorsque la langue maternelle s'est refusé à lui livrer les représentations qui permettent de comprendre concrètement la réalité de la sexualité humaine.

L'acceptation de son propre sexe et le rapport au père

Dès qu'il est mobile sur ses jambes, l'enfant entre dans la période appelée « œdipienne ». Cette période où il intègre les modalités sexuelles qui lui serviront à l'âge adulte se clôt autour de sept, huit ans. Cet âge apparaît dans de nombreuses cultures comme la fin d'un premier cycle dans le développement de l'individu. Chez nous, on l'appelle l'âge de raison. Y succède une autre période au cours de laquelle les questions sexuelles passent généralement au second plan. Y prime alors la vie en groupe qui, avec la scolarisation, prépare à l'enracinement social. Freud appelle cette période d'accalmie dans le développement sexuel de l'individu la période de latence. Suit l'adolescence qui retrouve le sexe dans la fraîcheur où elle l'a découvert à l'âge œdipien.

Don Juan nous a permis d'entrevoir la complexité du processus œdipien par lequel se construit la sexualité du garçon. Or, en voulant appliquer la théorie de l'Œdipe à la lettre, cet homme n'arrivait qu'à mettre en échec son travail avec moi. Ce qu'on appelle le complexe d'Œdipe est en effet généralement assez mal compris. Dans la mythologie grecque, Œdipe est un héros que le destin conduit à assassiner son père et épouser sa mère. Freud a vu dans ce mythe le modèle de maturation sexuelle qui permet au garçon d'intégrer l'existence de la sexualité en s'identifiant à son père et en fantasmant la capacité de le remplacer auprès de la mère. Il serait donc naïf de croire que le garçon puisse vouloir pour de vrai éliminer son père. Si tel était le cas, il y perdrait le support identificatoire que représente le père, c'est-à-dire précisément ce qui lui permet de se fantasmer, face à sa mère, dans la position d'un homme adulte. Ne pouvant alors que se fantasmer comme un enfant, sa maturation œdipienne en serait entravée.

L'amour qui permet de s'identifier à un père est bien ce que Don Juan a revécu et retrouvé, dans sa psychanalyse, en transférant sur moi l'idéalisation que, tout petit, il portait à son père. Au début de nos entretiens, il croyait en effet ne jamais avoir eu aucun rapport structurant avec lui. Au moment où est apparu ce rêve à répétition, où il se voyait coïter avec sa mère, il en était toujours là. L'intensité des émois qu'il avait éprouvés pour son père avant quatre ans était jusqu'alors du domaine d'un vécu infantile qu'il avait oublié et refoulé. Ce vécu n'apparaissait que dans la façon dont il le transférait sur son analyste. Soit, comme un tout petit enfant, il s'accrochait à moi, terrorisé par l'impossible tâche où l'appelaient ses désirs incestueux. Soit, gémissant sur l'impuissance qu'il m'attribuait, il sombrait dans une lugubre dépression où il revivait une identification inconsciente à son père.

En quoi l'accident de son père avait-il été traumatique pour lui-même ? Certes pas au niveau de ses propres capacités viriles. Pour l'enfant, le trauma avait été l'absence de paroles et le mystère de leur rapport au sexe. L'accident s'était matérialisé par l'absence de toute parole sur le sexe, devenue brusquement taboue. C'est ce qui l'avait empêché de continuer à idéaliser son père comme une personne sexuée. Pour seul tiers entre lui et le brûlant désir que lui vouait sa mère, en ne vivant que pour lui, il n'avait alors trouvé que le bataillon de ses cousines. Mais il avait aussi, comme il le disait lui-même, « appris à faire l'amour sans jamais avoir eu la moindre idée de ce à quoi ça servait ». C'était bien de cela que rendait compte la répétition lancinante de son rêve. Alors qu'il voulait le prendre pour l'actualité de son désir, il se montrait à moi comme un enfant qui, gémissant, m'avait perdu en tant que père.

Le complexe d'Œdipe est indissociable pour Freud du complexe de castration. Freud désigne ainsi le processus de maturation psychique qui permet de s'assumer dans son sexe biologique, de s'accepter homme ou femme. Il ne faut toutefois pas en conclure que l'imaginaire masculin est centré sur la hantise de perdre ce précieux objet qu'est le pénis. C'est malheureusement trop souvent le seul sens que l'on donne à ce concept. Si le garçon peut avoir du mal à assumer son sexe, ce n'est pas par peur de le perdre. Lorsque cette peur se présente, elle provient surtout de la difficulté où est l'homme à concevoir son sexe comme faisant bien un avec son corps. L'érection et la détumescence ne se présentant pas comme des actes volontaires, le garçon a tendance à voir son sexe comme un petit personnage pourvu d'une autonomie qui lui est propre. Mais le voir comme un *petit Jésus* ou un *petit oiseau*, c'est déjà lui attribuer des facultés dont l'adulte, et à plus forte raison l'enfant, peut avoir un certain mal à mesurer l'ampleur.

Dans le rapport à leur psychanalyste, les hommes qui souffrent d'inhibition sexuelle continuent à se vivre comme des enfants. C'est alors qu'il leur arrive de rêver que leur sexe se détache de leur corps et peut ainsi voyager dans les airs de façon autonome. Ces rêves ne veulent pas dire que l'homme souffre alors de la peur de voir son *petit oiseau* le quitter. Tout au contraire, ce sont des rêves où le désir du dormeur proteste contre la névrose qui inhibe sa sexualité. Le rêve s'énonce comme un message qui dit que la vie du pénis est déconnectée de celle du reste du corps. Les hommes qui produisent ces rêves se pensent gauches, inhibés ou maladivement timides. Ils n'ont aucune crainte sur leurs qualités viriles, mais ils se sentent incapables d'aborder une femme et c'est là leur névrose. Dans ce cas le rêve ne parle pas de la peur de perdre son sexe, mais du désir de le voir accomplir ces fabuleux voyages qui situent l'orgasme comme un lieu où l' « on s'envoie en l'air ».

L'imaginaire masculin représente facilement le pénis séparé du corps, car l'homme vit son sexe comme un véhicule dont il doit acquérir la maîtrise. A moins d'avoir eu, comme le comédien du chapitre précédent, un père dont la folie interdit de s'identifier à un homme adulte, « couper le zizi » évoque avant tout dans l'imagination érotique du garçon la détumescence. Si un homme adulte le menace, en plaisantant, de lui couper le sexe, le garçon aura tendance à éclater de rire. La petite fille qui assistera à la scène n'y verra, elle, rien de drôle. Le garçon rit car il y entend une complicité d'homme à homme sur le fonctionnement de son sexe. Pour lui, c'est bien le propre du pénis d'être, la plupart du temps, *coupé* ou séparé des étonnantes facultés que lui confère l'érection. De plus, tant qu'il n'a pas atteint la maturité sexuelle, le garçon ne peut mesurer la vraie puissance de son sexe. C'est à travers les hommes adultes qu'il imagine son propre devenir sexuel. S'il est préoccupé par la taille de son pénis, c'est qu'il se sent *coupé* ou démuni d'un sexe dont il ne pourra vraiment prendre possession qu'à l'adolescence. Il arrête d'ailleurs d'en vérifier la longueur sitôt qu'ayant fait l'amour, il découvre la vraie longueur de l'envolée qu'est le voyage sexuel.

Le petit homme ne peut accepter son pénis qu'à condition de pouvoir se représenter le rôle que joue cet organe à l'âge adulte. Or, pour en arriver là, il lui faut tout d'abord avoir pu renoncer aux avantages de l'autre sexe. Etre fier d'être un garçon demande, en premier, d'avoir admis l'impossibilité de posséder un ventre aussi puissant que celui de sa mère. Les angoisses de castration sont ainsi, chez l'homme, très souvent centrées sur son ventre. C'est ce dont témoigne Don Juan. Au moment où sa tante lui fait le portrait d'un père dont il a tout oublié, il n'est pas pris de honte ou d'une douleur hystérique aux testicules. Il est assailli par une douleur au ventre qui vient là pour lui rappeler qu'il est bien construit à l'image de son père.

Si l'acceptation de son propre sexe allait de soi, le transsexualisme, le désir de certains hommes d'être transformés en femme par une opération chirurgicale, n'existerait pas. La reconnaissance et l'acceptation de son sexe biologique dépendent des modalités par lesquelles l'esprit infantile s'est connecté au placenta qu'est, pour lui, la langue maternelle. L'enfant structure le cadre de son désir et accepte ou non la nature de son sexe en fonction des représentations qu'il reçoit de son espace d'accueil, de ce que ses parents lui disent du sexe qui est le sien. Il intègre ainsi une image de sa sexuation par l'identification à l'adulte du même sexe.

La sexualité ne peut se construire dans le seul rapport pulsionnel à l'adulte du sexe opposé. Sa construction implique une idéalisation identificatoire de l'adulte de son propre sexe. La santé sexuelle de l'enfant s'exprime alors par une fière idéalisation des caractéristiques avec lesquelles ses parents considèrent le devenir de son sexe. Sous cet angle, machisme et féminisme ne sont que les résurgences, à l'âge adulte, de ce qui a dérangé, dans l'enfance, l'idéalisation tranquille de son propre sexe.

Le sexe du père ou le levier de la maturation sexuelle

Freud situe les désirs incestueux du garçon au centre de ses questions sur la sexualité, mais il indique aussi et surtout que *l'idéalisation du sexe paternel est le véritable levier de la maturation sexuelle du garçon.* L'enfant mâle ne peut d'ailleurs produire et verbaliser des fantasmes où il remplace son père auprès de sa mère qu'à condition que ce dernier soit non seulement bien vivant, mais solidement installé dans le lit de la mère. S'il ne peut idéaliser son père, si celui-ci est malade, névrosé, ou si les parents ne s'entendent plus sexuellement, le garçon ne peut plus produire de tels fantasmes car ceux-ci sont alors trop menaçants pour lui.

Ne pouvoir se fantasmer que dans un rapport duel à la mère est, pour l'enfant des deux sexes, le premier handicap à sa maturation sexuelle. On caractérise habituellement la sexualité de l'enfant comme polymorphe. On veut dire par là qu'il peut jouir sous des formes multiples. Sa jouissance implique aussi bien la bouche que l'anus, ou tout ce qui, au niveau de son corps, peut procurer du plaisir. L'être humain découvre ainsi la sexualité dans le rapport charnel à sa mère. Après avoir éprouvé avec elle la réalité de la jouissance, l'enfant doit, dans un deuxième temps, prendre conscience de son incapacité à la satisfaire sexuellement. Cette prise de conscience s'effectue dans le rapport à l'homme et à la découverte de son rôle dans la reproduction. En apprenant que le pénis de son père est à l'origine de sa propre présence, le petit garçon trouve un modèle à son devenir. Il idéalise alors le fonctionnement adulte de son sexe et se détourne de la sexualité infantile dont il a fait l'expérience avec sa mère. Tel est ce qu'on appelle le processus de maturation œdipienne.

Il n'y a qu'à écouter les petits garçons pour constater que jouer au revolver, aux missiles ou aux vaisseaux spatiaux sont de tous les jeux les plus passionnants. Dès que le garçon a pris conscience du fonctionnement adulte de la sexualité, perpétuer les modalités d'une jouissance infantile devient contraire à ses idéaux focalisés sur l'âge adulte. Faire des bisous ou jouer avec les filles ne l'intéresse plus beaucoup. Il peut bien sûr jouer avec elles au papa et à la maman, au docteur ou à touche-pipi. Mais dès qu'il est conscient de la prématuration de son sexe, et du même coup de son devenir d'adulte, le garçon répugne à ce genre de jeux. Si on lui demande pourquoi, il répond que ce sont des jeux de bébé. Il veut dire par là qu'au regard de sa future condition d'homme, il ne trouve aucun intérêt à perpétuer dans le jeu du docteur une jouissance infantile qu'il a déjà connue avec sa mère. Jouer au revolver ou aux missiles est autre chose, car il peut alors se fantasmer en possession d'un objet fabuleux ayant pouvoir de vie et de mort. C'est de cette façon qu'il projette dans l'avenir

pour lui répondre, c'est alors que la masturbation peut être accompagnée de culpabilité. Cette culpabilité signale l'absence totale de sens que l'enfant trouve au plaisir qu'il découvre. Ce n'est toutefois pas du sexe dans sa valeur de jouissance que l'enfant a besoin d'entendre parler. Ayant découvert la jouissance corporelle dans le rapport à sa mère, il n'a nullement besoin d'être informé de la réalité de la jouissance. En revanche, il ne peut, dans le seul fonctionnement de son corps, comprendre le rôle du masculin dans la reproduction. C'est de cela qu'il a besoin d'être informé. Si on lui cache le rôle du pénis dans sa venue sur terre, il ne peut ni prendre conscience de sa prématuration génitale, ni différencier la sexualité adulte de celle, orale et anale, qui est la seule qu'il connaisse. Sa construction sexuelle risque d'en être entravée. Pour se donner un modèle de la sexualité adulte, il n'a plus d'autre recours que de projeter sur ses parents le fonctionnement oral et anal de sa sexualité. N'est-ce pas d'ailleurs ce dont témoignent les perversions, en se présentant comme une confusion dans la fonction de tous les orifices du corps ?

C'est pourquoi la possibilité d'idéaliser le sexe de son père est le pivot le plus important de la maturation sexuelle du garçon. S'il peut reconnaître ce sexe comme responsable de sa propre présence, le garçon voit alors le sien capable de bien d'autres performances que celles qu'il connaît déjà. Pouvoir se projeter, à travers son père, dans une idéalisation de la sexualité adulte est, du même coup, ce qui lui permet de se détourner des plaisirs infantiles qu'il a connus avec sa mère. C'est aussi ce qui rend possible son entrée dans la période de latence, où il peut alors supporter l'attente d'une sexualité adulte sur laquelle il projette ses idéaux.

Un cas de fétichisme du caoutchouc ou l'impossibilité d'idéaliser le sexe paternel

Construit comme une armoire à glace, ayant dans les trente-cinq ans et plutôt bel homme de sa personne, Hercule Moineau semblait de prime abord très gêné d'avoir pris rendez-vous avec moi. Il n'avait jamais parlé à personne de son fétichisme. Lui-même s'en était d'ailleurs toujours arrangé. C'était sa femme qui ne le supportait plus et, sans son insistance à elle, il n'aurait pas éprouvé le besoin de me consulter. Mais depuis quelques mois, elle ne supportait plus de porter les tabliers de caoutchouc dont il avait besoin pour la désirer sexuellement.

Au début, elle avait accepté cette particularité de sa sexualité. Mais peu à peu, avec le temps, elle avait fini par devenir jalouse des tabliers de plastique et de caoutchouc que lui-même affectionnait. Il en possédait une importante collection qu'il avait constituée au cours de ses voyages. C'était là le mystère de sa sexualité : un tel tissu, « tout d'abord frais et excitant, puis très vite chaud et humide au contact de la peau », lui était indispensable pour obtenir un véritable plaisir sexuel. Non pas qu'il fût incapable de faire l'amour sans ce précieux contact, mais il n'en éprouvait alors qu'un plaisir insipide et ne pouvait éjaculer qu'en évoquant mentalement la présence d'un tel tissu.

Comme encombré par sa forte carrure et rougissant de devoir me parler de sa sexualité, Hercule Moineau donnait l'impression d'avoir été un enfant qui avait poussé trop vite. Il avait en effet très précocement découvert la masturbation. Depuis sa toute petite enfance et sans aucune interruption, il avait utilisé une très vaste panoplie d'objets en plastique et en caoutchouc de toutes sortes, pour satisfaire une masturbation qui, bien que compulsive, ne lui avait jamais posé problème. Il n'en était pas moins arrivé en âge de se marier, sans avoir la moindre idée du rôle de la sexualité dans la venue des enfants. C'était un garçon de son âge qui l'en avait informé, ce qui l'avait sur le moment profondément bouleversé. A la même époque, il avait rencontré celle qui allait devenir sa femme. Elle ignorait autant que lui la finalité des jeux érotiques. Pendant plus d'une année, il l'avait platoniquement courtisée, avant d'oser lui proposer une masturbation réciproque. Il l'avait par la suite initiée à ses goûts érotiques et ils s'étaient épousés. Ils avaient deux enfants. Ils en étaient très heureux. En dehors de sa femme, j'étais moi-même la première personne à qui il parlait de sa sexualité.

J'avais cru, à l'entendre, que la masturbation jouait un rôle central dans son organisation sexuelle. Je lui en posai la question. « Peut-être, répondit-il avec un rire d'enfant, aussi loin que je me souvienne je me vois en train de me masturber. Dans le souvenir le plus ancien, je me vois dans mon petit lit, portant des langes et une culotte de caoutchouc. Ma mère vient de me changer et j'attends qu'elle s'en aille pour m'allonger et me masturber en me trémoussant sur le ventre. » Il souriait maintenant, évoquant un enfant qui n'aurait été nourri que de beurre et de brioches. J'essayai d'en savoir plus sur ses parents.

Issue d'une famille assez pauvre de marins bretons, sa mère avait attendu la majorité pour tourner le dos au destin des femmes de sa famille. Il semblait qu'elle ait voulu échapper à l'immobile résignation avec laquelle elle avait vu sa mère et sa grand-mère assumer, toutes deux, la perte prématurée des hommes que l'océan leur avait ravis. Fuyant ce triste destin, elle avait rejoint la capitale. Elle y avait trouvé du travail dans un hôpital. Tout d'abord comme femme de ménage, ce qui lui avait permis de faire des études et d'atteindre le statut d'infirmière. C'est dans ces conditions qu'elle avait rencontré le père d'Hercule. Il possédait une honnête situation. Il ne voulait pas que sa femme travaille. Elle-même avait été ravie d'abandonner l'hôpital pour assumer la promotion sociale que représentait à ses yeux ce mariage.

Dès lors, elle semblait n'avoir eu qu'une seule passion : assumer à la perfection son nouveau statut d'épouse bourgeoise. Elle l'avait investi autant dans la tenue de son foyer et de sa personne que dans celle de son fils. Hercule parlait de sa mère comme d'une femme aussi coquette et enjouée dans la façon de se vêtir que méticuleuse, organisée et maniaque dans la tenue de son foyer. En fait, il semblait qu'elle ait compensé la culpabilité d'avoir abandonné sa propre mère dans un investissement assez obsessionnel des tâches ménagères dont l'éducation de son fils était le principal produit. Jusqu'à neuf ans et avant que les cigognes ne lui fassent tomber du ciel une petite sœur, Hercule avait été un enfant surinvesti par sa mère. Il décrivait avec humour les reluisants parquets auxquels il n'avait accès que sur des patins et la série de gamineries par lesquelles il avait fait souffrir sa mère en dérangeant l'ordonnance du décor auquel elle tenait tant.

De son père, en revanche, Hercule semblait ne rien avoir à dire. On lui avait souvent répété qu'il lui ressemblait. C'était de lui, en effet, qu'il tenait son impressionnante carrure. Mais lui-même ne s'était jamais trouvé aucune affinité avec lui. Ils avaient cohabité, non pas vraiment comme des étrangers, mais sans éprouver ni l'un ni l'autre le besoin de s'adresser la parole outre mesure. Certes, il avait l'impression qu'il aimait son père mais il ne voyait vraiment pas quoi ajouter à cela. Après un moment de silence, il revint à sa mère.

« Puisque vous m'interrogez sur mes parents, il faut aussi que je vous dise que ma mère possédait une garde-robe de très jolis vêtements. Elle avait elle-même une assez belle collection de tabliers en caoutchouc comme ceux qu'elle utilisait à l'hôpital et quelques autres en matière plastique agrémentés de jolis motifs. Elle aimait tout ce qui était moderne. Elle vantait souvent les qualités hygiéniques de ces matériaux et j'ai dû très tôt y être sensible. Toujours est-il qu'elle ne faisait jamais rien dans la maison sans avoir auparavant revêtu l'un de ses somptueux tabliers. Pour s'occuper de moi et de ma toilette, elle mettait généralement un grand tablier blanc de caoutchouc très souple. Très tôt, j'ai perçu ce délicat contact que procure le caoutchouc. Elle était folle de rage quand j'avais mouillé mon lit. Après m'avoir lavé et avoir changé la literie, elle m'allongeait en travers de ses cuisses pour me donner une légère fessée. J'aimais déjà le contact froid et humide du caoutchouc sur mon pénis et j'ai très vite remarqué que la fessée provoquait un délicieux frottement. Après chaque bain, ma mère me prenait aussi sur ses genoux, mais dans la position inverse, pour me nettoyer correctement le sexe. Elle tirait sur le prépuce pour nettoyer le gland et aussi pour m'éviter une circoncision. Pendant ce temps évidemment, je bandais toujours... »

Comme il semblait lui-même l'éluder, je lui fis remarquer que pratiquement sa mère le masturbait. « Oui, reprit-il pensif... Je me rendais bien compte qu'elle y prenait du plaisir mais justement, lorsque je me mettais à agiter les jambes de joie, elle m'interdisait de le faire. Comme elle disait que c'était vilain, un jour, je lui ai demandé pourquoi. Elle m'a alors raconté une histoire sur les dames et les filles à laquelle je n'ai rien compris.

« Plus tard et après que j'ai connu d'autres enfants à la maternelle, un jour où elle faisait ma toilette, je lui ai demandé si on tirait aussi sur la peau des petites filles. C'est alors que j'ai appris que les femmes n'avaient pas de pénis, seulement un trou. J'en fus bouleversé. Là aussi, je m'en rappelle très bien. J'avais l'impression d'avoir appris quelque chose d'invraisemblable. »

Je l'interrogeai sur la position de son père dans cette histoire de circoncision. Il n'en avait pas la moindre idée. « Non, une autre fois, un peu plus tard, ajouta-t-il, je me suis fait surprendre par mon père en train de me masturber. Je devais avoir sept, huit ans, ma sœur n'était pas encore née. J'ai compris qu'il voulait me parler et j'attendais qu'il le fasse. Il a longuement ruminé le problème avant de me faire le seul sermon qu'il m'ait jamais fait de sa vie. Il m'a expliqué que c'était mal, que les petits garçons ne devaient pas faire cette chose, que ça pouvait leur faire du mal. J'en ai conclu que c'était réservé aux filles. Ça ne m'a pas du tout donné envie d'arrêter. J'ai recommencé à me masturber de plus belle en pensant aux filles et aux dames qui avaient le droit de se procurer ces merveilleuses sensations. Je les voyais atteindre le septième ciel dans de superbes tabliers de caoutchouc. Je me masturbais bien sûr déjà en chapardant les tabliers de ma mère. Je ne m'en sentais pas coupable. Je me racontais, au contraire, qu'en continuant ainsi, on finirait par m'amener à l'hôpital et que là, des médecins et des infirmières, belles comme des fées, vêtues de robes de caoutchouc, m'obligeraient à me masturber jusqu'au moment où mon pénis disparaîtrait définitivement et où je deviendrais une fille. Cela, je crois que je le redoutais aussi, encore qu'à cet âge, il est certain que j'aurais préféré être une fille. »

Dans cet entretien, Hercule Moineau m'en avait dit assez pour que je puisse commencer à comprendre comment s'était construit son fétichisme. Son témoignage illustre assez bien ce que nous venons de voir. Dans le « souvenir couvercle » le plus ancien, il se voit portant une culotte de caoutchouc. Le fait qu'il s'y voie indique qu'il s'agit d'un souvenir reconstruit ultérieurement. Associé à la masturbation précoce, le caoutchouc y résume les pensées par lesquelles il s'est inscrit, enfant, dans le système de représentations sexuelles des adultes et plus précisément de sa mère.

Le caoutchouc est un tiers érotique qui permet à l'enfant de se fantasmer comme le principal acteur de la jouissance que sa mère est censée prendre en s'occupant de lui. Il est associé à la toilette et à la masturbation. Mais il est aussi, de façon plus étrange, le principal représentant de la féminité maternelle. Les tabliers de caoutchouc prennent place dans la garde-robe des « jolis vêtements ». Ils évoquent la coquetterie maternelle et résument ainsi les représentations que l'enfant se donne de la féminité. Dans ses fantasmes, ils deviennent l'outil de séduction des filles, des dames ou des infirmières qui atteignent « le septième ciel dans de superbes tabliers de caoutchouc ».

Ce rôle étrange que l'enfant attribue au caoutchouc provient du fait que les tabliers de sa mère ont servi d'accessoires à un érotisme précoce qui n'a pu se métaboliser et prendre sens dans la parole. La mère fétichise la propreté en masturbant obsessionnellement son garçon, mais refuse de considérer cela comme un acte de jouissance. Ses tabliers n'en ont pas moins le pouvoir de transformer les fessées en délicieuses sensations érotiques.

On voit ainsi la pensée fantasmatique à l'œuvre. L'enfant n'ignore pas que sa mère utilise ses tabliers pour des tâches ménagères qui n'ont en soi rien d'érotique. Mais lorsque ses tabliers le concernent lui, il ne les associe pas au dégoût que sa mère peut avoir des excréments. Il les intègre au plaisir qu'il est censé procurer à sa mère à l'occasion de la toilette. Il ne peut concevoir qu'elle ne prenne pas un plaisir intense à lui nettoyer le sexe. D'ailleurs, à l'âge adulte, il en était toujours persuadé. Dans la pensée logique, le tablier de caoutchouc sert à protéger de la saleté. Dans les fantasmes, il sert à protéger la mère du trop grand plaisir qu'elle prend avec son enfant.

Voilà comment s'installe un déni. Le déni est un concept important en psychanalyse. *Le déni rend compte de la façon dont la pensée fantasmatique s'infiltre dans la pensée logique et s'y présente comme un défaut de jugement.* Alors qu'une vérité est reconnue dans la pensée rationnelle, dans un autre registre de pensée inconsciente cette vérité est annulée, afin de ne pas remettre en cause sa propre fantasmatique. D'un côté, cet homme savait bien que sa mère l'avait élevé avec une épouvantable rigidité obsessionnelle et que la vue des excréments était chez elle le premier obstacle à toute idée de jouissance. De l'autre, c'était comme s'il continuait à croire que sa mère affectionnait le caoutchouc par peur de trop jouir de son pénis. Les processus de pensée qui engendrent le déni sont naturels chez l'enfant. Mais au niveau de sa construction psychique et sexuelle, le déni ne s'installe que dans la mesure où l'enfant reprend à son compte ceux de son espace d'accueil.

La mère n'ignore pas qu'elle masturbe son garçon. Cette masturbation hygiénique a d'ailleurs pour but de le préparer à une sexualité adulte, en lui évitant une circoncision. Il est donc logique qu'elle suscite les questions de l'enfant sur la sexualité. Sa mère essaie d'y répondre tant bien que mal. Mais lorsqu'elle le voit éprouver du plaisir, elle annule que ses questions puissent porter sur la jouissance qu'elle lui procure. Afin de ne pas avoir à se vivre comme une mère incestueuse, elle lui défend d'agiter les jambes, de manifester le plaisir qu'il y prend. L'enfant en conclut qu'il est normal de jouir avec sa mère mais vilain de l'exprimer. Il demande pourquoi mais n'obtient que des réponses auxquelles il ne comprend rien. Sa mère ne profite pas de l'occasion pour l'engager à réfléchir sur le fonctionnement de son sexe, en l'envoyant, par exemple, questionner son père sur les soi-disant risques qu'il court d'être circoncis. Elle lui fait des réponses sur les dames et les filles. Il n'entend donc parler que de sa culpabilité incestueuse à elle, et c'est ce à quoi il ne peut rien comprendre.

Le déni maternel est on ne peut plus clair. Elle n'ignore pas qu'elle masturbe son garçon. Mais il ne faudrait pas croire qu'il s'agit là de jouissance. C'est un devoir, au même titre que les autres tâches ménagères, ce dont le tablier répond.

Ce tablier répond du même coup de la façon dont le développement spirituel ou psychique de l'enfant est entravé par le déni maternel. Venant en place de ce que l'enfant perçoit des représentations sexuelles de sa mère, il représente un défaut de jugement, une barrière mentale, que les investigations sexuelles infantiles ne pourront pas dépasser. Il entrave ainsi le développement mental de l'enfant en éliminant précisément ce que Freud appelle le complexe de castration.

Prise dans le cercle vicieux de l'inceste et de la culpabilité, la mère élimine les représentations qui pourraient rendre compte de sa féminité adulte, de son rapport à un autre pénis que celui de son fils. Elle lui laisse ainsi entendre que son petit pénis à lui est plus important pour elle que celui qui lui a donné le jour. Elle prive du même coup son enfant d'un des moments les plus importants dans le développement spirituel et sexuel du garçon : celui où il lui faut constater la prématuration sexuelle de son pénis.

Pour pouvoir constater l'immaturité de son sexe, il est nécessaire à l'enfant de se comparer à un homme adulte capable de satisfaire sexuellement la mère et de lui faire des enfants. C'est ce qui lui permet de relativiser l'idéalisation de cette déesse qui s'occupe de lui, en reportant ses idéaux sur l'homme dont elle dépend. Dans ses fantasmes le garçon peut alors s'identifier à un homme adulte qui satisfait la mère autrement que comme un enfant. Il idéalise une autre jouissance que celle qu'il connaît avec elle. C'est ce qui lui permet d'entrer dans la période de latence et d'attendre tranquillement sa maturation biologique.

Tel est le tremplin qui permet au garçon de sortir de la relation duelle à la mère. Voilà aussi ce qui fait défaut dans l'enfance de cet homme à qui son père n'offre pas la moindre figure identificatoire dans le domaine sexuel. Il serait en effet simpliste de croire que les mères sont seules responsables du développement sexuel de leurs enfants. Venons-en au moment où l'enfant est surpris par son père en train de se masturber.

Du côté de l'enfant, c'est là une façon assez claire d'interpeller son père sur le fonctionnement du pénis. Ayant découvert de merveilleuses sensations, l'enfant aimerait bien savoir ce qu'en pense son père et ce qu'il a à lui apprendre à ce sujet. En prenant note du temps de rumination que prend celui-ci pour lui parler, il attend impatiemment une parole. Or, voilà que son père lui explique que la masturbation est mauvaise pour la santé des garçons. L'enfant ne peut à nouveau rien y comprendre. Comment le pourrait-il, puisque c'est pour son bien que sa mère le masturbe régulièrement ? Il en conclut que la masturbation est une activité purement féminine qui ne concerne que les dames et les filles. C'est pourquoi son père semble en ignorer les ressorts.

Le fait d'avoir un pénis devient, du même coup, problématique aux yeux de l'enfant. Comment, en effet, les hommes adultes peuvent-ils ignorer ces délicieuses sensations dont il aurait tant aimé entendre parler son père, si ce n'est parce qu'ils en sont privés pour pouvoir garder leur pénis ? Ne voyant rien de séduisant à l'idée d'être un homme, l'enfant choisit de s'identifier à une fille plutôt qu'à son père. C'est pourquoi de belles infirmières le font jouir, ce qui, lui faisant perdre son pénis, le transforme en fille.

Voilà un enfant qui, n'ayant pu idéaliser le fonctionnement sexuel de son père, n'a pu du même coup assumer la fierté de son sexe. A l'adolescence, cet homme retrouve la sexualité telle qu'il a eu à la comprendre à l'âge œdipien. Rencontrant celle qui deviendra sa femme, il ne trouve rien d'autre à lui proposer qu'une masturbation réciproque qui ne sort pas de l'auto-érotisme incestueux de son enfance. Confrontant sa femme à cette sexualité qu'il continue imaginairement de vivre avec sa mère, il en arrive à la rendre jalouse d'un vulgaire tablier de caoutchouc.

On voit ainsi, comment un père peut être aveugle sur la façon dont son enfant reprend à son compte des dénis maternels. Si le père avait, pour l'occasion, tout simplement expliqué le rôle du pénis dans la reproduction, il aurait pu modifier toute la fantasmatique sexuelle de l'enfant. S'il ne peut idéaliser le fonctionnement adulte du pénis, l'enfant n'a aucune raison de renoncer à la jouissance infantile. Pour l'adulte, l'abstinence sexuelle est compréhensible et admissible dans la mesure où le sexe est investi du pouvoir de reproduction. On ne voit pas pourquoi cela serait différent pour l'enfant.

IV

L'IMPORTANCE DES TESTICULES DANS LA VIRILITÉ

Les bourses et la nomination du sexe

Lorsque sous la royauté naissait le Dauphin, toutes les dames de la cour défilaient devant le berceau de cet enfant destiné à régner. Elles s'extasiaient sur la beauté ou la forme de ses bourses. Les testicules du Dauphin recevaient un hommage bruyant des femmes car ils étaient le symbole de la transmission du sang royal. Tel était l'usage qui voulait que les testicules d'un prince naissant soient exposés à la vue et aux commentaires de tous.

Dans la construction sexuelle du garçon, les représentations qui cernent les testicules jouent un rôle de premier plan. Comme le voulait l'usage à la cour de France, leur fonction de reproduction doit être nommée. Ne pas informer l'enfant du rôle des testicules dans la fécondité, c'est le priver de la possibilité d'idéaliser le sexe de son père. C'est le laisser construire sa sexualité sur un mode qui, ne pouvant pas se représenter la maturité sexuelle, risque, comme dans le cas d'Hercule Moineau, de ne trouver à idéaliser que les mécanismes enfantiles de la jouissance.

Le petit homme ne peut ignorer ni l'érection ni le

plaisir qu'elle procure. Bébé, il pouvait uriner en bandant. En grandissant, il ne le peut plus, mais il ne peut toujours pas comprendre, dans le seul fonctionnement de son corps, que le sexe puisse produire autre chose que de l'urine. Que ses parents lui parlent ou non de l'érection ne modifie pas grand-chose à l'appréhension qu'il a de son sexe. Ce n'est pas pareil au niveau de ses bourses. *Les testicules doivent être pris dans le langage, afin que l'enfant puisse se représenter son devenir adulte.*

Dans l'image inconsciente que le garçon se fait de son corps, les testicules sont, beaucoup plus que le pénis, un répondant au vagin. La petite fille a un rapport à la sexualité clitoridienne semblable à celui du garçon avec son pénis. Quand sa mère lui nettoie l'entrejambe, elle y prend autant de plaisir que lui. Tous deux repèrent là une zone érogène particulière. Pour pouvoir se détourner d'une fixation infantile à la mère, tous deux ont donc besoin de savoir qu'il existe une autre jouissance que celle, infantile, qu'ils ont connue avec elle.

Pour la fille, la découverte du vagin est le pivot de sa maturation sexuelle. C'est un endroit de son corps où la mère ne peut ni entrer ni procurer de jouissance. Dans son image du corps, le vagin est un coffret, une sorte de boîte à musique dont sa mère n'a pas la clef. Encore faut-il qu'elle ait été mise au courant du rôle de l'homme dans la reproduction. Que seuls les hommes possèdent la clef qui peut animer cette boîte à musique, et qu'il soit interdit à sa mère d'y entrer, voilà ce qui intéresse une petite fille : c'est là le tremplin qui lui permet de se projeter dans l'avenir. D'ailleurs, à l'âge adulte, lorsqu'une femme souffre de frigidité vaginale, lorsqu'elle ne peut atteindre qu'une jouissance clitoridienne, c'est que la jouissance vaginale est inconsciemment vécue comme un plaisir qui risque de trop brutalement la séparer de sa mère.

L'idée qu'un homme puisse la pénétrer est ainsi, pour la fille, ce qui lui permet de se détourner des plaisirs infantiles qu'elle a connus avec sa mère. Pour le garçon, ce sont les représentations qu'il se fait de ses testicules. A l'adolescence, les avoir pleins est en effet ce qui l'oblige à aller chercher autre chose que ce qu'il trouve auprès de sa mère. La fille a besoin de savoir que son vagin est interdit à sa mère. Le garçon doit pouvoir se représenter que la puissance de vie que recèlent ses bourses, et dont il disposera à l'adolescence, ne peut être utilisée par sa mère. Plus que le port du pénis, ou même d'avoir pu éprouver avec une mère sa fonction érogène, c'est d'avoir, comme on dit, des « couilles au cul » qui signale au garçon la destinée propre à son sexe.

L'usage qu'à l'âge adulte l'individu fait de son sexe répond bien sûr d'un savoir inconscient. Informer l'enfant sur la sexualité ne peut donc être conçu sur un modèle pédagogique. L'apprentissage et la pédagogie ne génèrent que du savoir conscient. Cela ne supprime pas l'existence d'un savoir inconscient qui gouverne ce que chaque homme doit réinventer. *Le sexe est par définition quelque chose qui ne s'apprend pas mais se réinvente à chaque génération.* Il ne s'agit donc pas de confondre la prise dans le langage et la pédagogie, surtout dans le rapport à ses propres enfants. Le corps est pris dans le langage. Porter un nom caractérise l'humain. Celui de son père inscrit l'enfant dans la succession des générations. La prise dans le langage des testicules ne concerne donc pas tant ceux de l'enfant que ceux des hommes adultes auxquels il s'identifie. Voyons plus précisément en quoi cela concerne les représentations conscientes ou inconscientes avec lesquelles son père vit ses propres testicules.

La transmission des « bijoux de famille »

Lorsque les testicules ne sont pas pris dans le langage, ils se signalent autrement. Chez l'enfant, il arrive qu'ils se refusent à descendre dans les bourses. Au-delà de l'adolescence, c'est un symptôme grave car c'est un risque de stérilité. Voilà toutefois quelque chose qui se soigne aisément par la seule parole. D'une façon générale, la stérilité est un symptôme sur lequel la psychanalyse peut avoir des effets étonnants. Chez la femme, c'est une des rares pratiques qui permette de rendre réversible le diagnostic qui, après bilan médical, l'a déclarée définitivement stérile. Lorsqu'on voit ainsi des femmes dénouer une stérilité par la seule exploration des transmissions qui, de mère en fille, gouvernent leur génitalité, on est bien obligé d'admettre que la reproduction est, jusque dans sa dimension la plus somatique, gouvernée par le psychisme. Il en va de même au niveau du risque de stérilité que court le garçon lorsque ses testicules refusent de descendre.

A une époque où je travaillais pour une institution qui prenait en charge des enfants psychotiques, je reçus un jour un coup de fil d'un éducateur. Il savait que j'avais suivi en thérapie un enfant qui avait résolu dans son travail avec moi un problème de descente des testicules. Il voulait m'interroger à ce sujet car sur les cinq enfants dont il avait la charge, trois présentaient ce même symptôme. Ils atteignaient la puberté et leurs testicules n'étaient toujours pas descendus. La majorité des autres éducateurs étant des femmes, il était un des rares hommes de l'institution. C'est pourquoi il avait hérité de la majorité des garçons qui, devenant pubères, commençaient à poser problème à ses collègues féminines.

Il en avait déjà longuement parlé avec le psychiatre. Ce dernier l'avait engagé à prendre avis de mon côté, car ils n'y avaient trouvé ni l'un ni l'autre de solution satisfaisante. Ils ne pouvaient pas plus se résoudre à être les témoins passifs de la mise en place d'une stérilité qu'imposer aux parents une opération chirurgicale qui, dans le cas des enfants psychotiques, risque toujours d'être vécue de façon problématique. Il était de plus exclu que je m'en occupe personnellement car il s'agissait de familles qui avaient déjà à plusieurs reprises refusé énergiquement de rencontrer un analyste. Je lui proposai donc que nous nous rencontrions avec le psychiatre pour débattre tous trois de la question.

En les écoutant tous deux me parler de ces enfants, je constatai avec étonnement que ces risques de stérilité ne semblaient concerner que les hommes, excepté les pères des enfants : aucune des trois mères ni aucune des éducatrices qui s'étaient auparavant occupées de ces enfants n'avait jamais soulevé ce problème de stérilité. Quant aux pères, ils brillaient par leur absence, on ne les voyait quasiment jamais dans l'institution. Du même coup, les quelques hommes de l'institution se sentaient interpellés à leur place. C'était justement ce qui n'allait pas car ce genre de symptôme concerne les transmissions père-fils. Je leur fis donc remarquer que la décision d'opérer un enfant ne pouvait être prise par l'institution. Si une telle décision devait être prise, c'était aux pères et à eux seuls de l'assumer. Il fallait donc leur donner les moyens de s'exprimer sur cette question. Vu le contexte et afin de faire ressortir en quoi ce genre de symptôme concerne les transmissions de père en fils, je proposai de provoquer des réunions d'hommes où l'on convierait un père et un fils, mais en en excluant les mères, ainsi que toute femme de l'institution. Il n'était pas souhaitable que je participe à ces réunions, mais le psychiatre et les éducateurs n'avaient pas besoin de moi pour questionner les pères sur la façon dont la sexualité avait été parlée à leur enfant. Ils verraient bien alors si les enfants avaient entendu parler du rôle des testicules dans la reproduction. Il me semblait que le seul fait de parler d'une chose pouvait avoir des effets. C'était de toute façon permettre aux pères de prendre eux-mêmes une décision qui concernait la génitalité de leurs enfants.

Un mois plus tard, nous nous revîmes pour faire le point sur ce travail. Une réunion avait eu lieu avec chacun des pères. Sur les trois enfants, deux ne posaient plus problème. Leurs testicules étaient descendus à la suite de la réunion. Le psychiatre et les deux éducateurs qui y avaient participé avaient été confrontés au même scénario. Fortement émus d'être questionnés par des hommes sur la façon dont ils avaient parlé du sexe à leur enfant, les pères avaient commencé par bégayer comme s'ils ne comprenaient pas de quoi on leur parlait. L'un avait même rougi jusqu'aux oreilles. Tous trois avaient fini par sortir le même argument : « Mais enfin, il a vu les animaux. — Oui, certainement, avaient répondu les éducateurs, mais sait-il à quoi servent les testicules et d'ailleurs, les animaux le savent-ils ? » Une question aussi simple avait remis les choses en place, la discussion avait pu se poursuivre et, quelques jours plus tard, les testicules des gamins étaient descendus.

L'intérêt d'un tel exemple réside dans le fait qu'*il ne s'agit pas d'une intervention sur l'enfant mais sur la prise de son corps dans le langage.* Ce sont, dans ce cas, les questions posées au père sur la place des testicules dans les pensées sur le sexe qui produisent un effet thérapeutique sur l'enfant. Confrontés à d'autres hommes, les pères bégaient ou rougissent, car cette question les concerne eux. En rougissant et en bégayant, ils se montrent eux-mêmes comme des enfants qui ont pu observer les animaux, mais n'ont pu se donner une claire représentation de la fonction des testicules. C'est ainsi leur propre rapport à l'érection qui est déconnecté des testicules. Or, si un père oublie ses propres testicules, il ne peut plus du même coup se situer dans un rapport de filiation à son enfant.

Les testicules témoignent d'un endroit où la virilité a créé la mère. C'est pourquoi ils doivent être pris dans le langage. Lorsqu'il y a absence de représentation pour les bourses, elles induisent une conception de la sexualité qui exclut la reproduction et le fait qu'à ce niveau, l'homme ne fonctionne justement pas comme les animaux. Le rapport aux testicules se transmet ainsi de père en fils. On les appelle les « bijoux de famille ». Ils représentent une richesse transmise d'homme à homme et utilisable avec les femmes.

L'histoire du carreau cassé et des couilles à papa

C'était un petit garçon de quatre ans qui souffrait de troubles du sommeil depuis qu'un soir, son père, en rentrant ivre, avait cassé un carreau. L'enfant était pris d'angoisses au moment de se coucher. Il refusait de s'endormir et n'en disait qu'une chose : « Mon carreau va se casser. » Le père avait lui-même fait une psychanalyse. Avant de me consulter, il avait essayé par ses propres moyens de tranquilliser l'enfant. Il lui avait expliqué pourquoi il lui arrivait de boire, mais cela n'avait eu aucun effet. L'enfant continuait à ne pas pouvoir s'endormir par peur que son carreau ne se casse. Ce n'était ni le carreau de son père ni celui qui avait été cassé qui empêchait l'enfant de dormir. C'était la peur ou le désir de voir se casser son carreau à lui.

Après les avoir reçus tous trois avec la mère, je proposai au père de me parler plus longuement de cette soirée où il était rentré ivre et où il avait, lui, cassé un carreau. « Il ne s'est rien passé de particulier dans cette soirée, me répondit-il. Je rentrais d'un dîner et j'étais cafardeux. Ma femme dormait à poings fermés. Je devais déjà être complètement saoul. Je ne me rappelle pas grand-chose. J'ai dû me servir un dernier whisky dans la cuisine. C'est là que j'ai cassé le carreau qui a réveillé le petit. Je n'ai pas la moindre idée de pourquoi j'ai fait ça. Derrière la fenêtre, il y avait la lune. C'est comme si je m'en étais pris au ciel ou à la lune, mais je ne vois vraiment pas pourquoi. »

Je traitai l'événement comme s'il s'agissait d'un rêve, en lui demandant ce qu'il pouvait associer à la cuisine, à la fenêtre, au carreau, au ciel, à la lune, à chacun des éléments qui surnageaient dans son souvenir. Il associa la cuisine à sa mère, la fenêtre à la naissance, le ciel à Dieu le père, la lune à la façon dont sa mère nommait le sexe des filles. Au carreau, en revanche, il ne pouvait rien associer spontanément. La seule chose qui lui vint fut l'expression « se tenir à carreau », ce qui le ramena à sa mère et aux griefs qu'il avait accumulés contre elle. Or, en me parlant d'elle, il eut l'impression de brusquement comprendre ce qui s'était passé le soir où il avait envoyé son poing en plein dans un carreau.

« En fait je crois que je m'en suis pris au ciel ou à Dieu. J'étais très cafardeux. Je me sentais horriblement seul et en m'en prenant à la lune, j'invectivais le Créateur. Je lui en voulais de m'avoir fait homme et je revois maintenant cette lune qui me narguait derrière le carreau. » Il avait associé la lune au sexe des filles, je le lui fis remarquer. « Oui, vous avez certainement raison, ça a été une question importante dans ma psychanalyse. Ma mère parlait aisément de la “ lune ” des filles mais je ne l'ai jamais entendue mettre aucun mot sur le sexe des garçons. C'est une personne assez étrange. J'ai fini par penser qu'elle n'a jamais aimé les hommes. Pour elle, je crois qu'il n'existe qu'un seul sexe, le sien, et pendant très longtemps, je l'ai tenue pour responsable de la mort de mon père. »

Je leur donnai rendez-vous pour la semaine suivante. Il revint me voir seul sans amener l'enfant. Il était rayonnant car l'insomnie du petit s'était résolue. Il n'était d'ailleurs venu que pour me raconter comment cela s'était passé. Deux jours après m'avoir vu, il s'était à nouveau saoulé. Il était rentré tard. Il avait dû faire du bruit et l'enfant s'était à nouveau réveillé. Il avait essayé de le rendormir, mais l'enfant lui avait posé toutes sortes de questions. Comme toujours, lorsqu'il avait bu, il ne se rappelait que la moitié des choses. Il avait le souvenir d'avoir parlé assez longtemps avec son fils. En tout cas, il se rappelait très bien lui avoir fait un cours d'anatomie sexuelle. Il lui avait montré sur son ventre l'endroit où les femmes ont des ovaires en lui expliquant que eux, les hommes, avaient des testicules. Il lui avait ainsi présenté la complémentarité des organes qui permettent de faire des enfants. Il s'en souvenait d'autant mieux qu'après cela l'enfant avait déclaré qu'il était fatigué et qu'il voulait dormir. A son grand étonnement, il s'était endormi sans aucun problème. Le lendemain, alors que son père dormait encore, l'enfant s'était précipité vers sa mère en lui disant : « Tu sais, j'ai des couilles, c'est papa qui l'a dit. » Depuis lors, il avait cessé d'être insomniaque.

Voilà un exemple qui illustre assez bien en quoi les symptômes des enfants ne sont souvent rien d'autre que des questions. A travers ses insomnies, cet enfant essayait de poser des questions à son père. Il lui a en effet suffi de trouver réponses à ses questions pour se débarrasser de sa difficulté à s'endormir. Il en est ainsi lorsque l'enfant est assailli par des questions qu'il ne peut même pas formuler. C'est ce qu'avait provoqué l'ivresse de son père.

Que voit l'enfant lorsqu'une personne qu'il idéalise se présente à lui dans un état d'ébriété où il donne l'impression de ne plus être maître de ce qu'il fait ? L'enfant voit un fantôme, une chose irreprésentable qui semble actionner les actes de l'adulte. Ne pouvant mettre un nom sur cette chose, il est l'objet de questions qu'il ne peut formuler. Voyant son père dans un état d'ébriété où il semblait aussi épuisé qu'incapable de se coucher, l'enfant n'avait pu formuler sa question que par une identification inconsciente à son père qui s'était traduite dans l'impossibilité de s'endormir.

Or, ce fantôme qui persécutait le père n'était nul autre que celui de sa propre mère. C'est ce qu'a mis au jour le travail avec moi, auquel l'enfant avait assisté. Cet homme avait fait une psychanalyse, car il avait des parents assez gravement névrosés. Dans son enfance, il n'avait lui-même jamais eu droit à un père qui lui parle aussi simplement du sexe qu'il l'avait fait avec son fils. Il n'avait donc pas pu avoir la moindre idée de ce à quoi servaient les testicules. Dans la bouche de sa mère, les filles avaient une « lune », mais lui n'avait rien d'équivalent. Voilà ce qu'avait réactualisé la vision de la lune derrière le carreau : une colère contre l'absence de son père qui l'avait laissé dans un face-à-face insoluble avec sa mère.

La lune est dans toutes les traditions un symbole du rayonnement féminin. Elle reflète la lumière du soleil qui symbolise le rayonnement masculin. Le soleil est émetteur de lumière et de vie. La lune est sa compagne qui, la nuit venue, reflète la puissance de son époux. Les ovaires restent cachés à l'intérieur du corps. Les testicules, à l'inverse, doivent descendre dans les bourses afin d'atteindre leur maturité. Comme le soleil, ils apparaissent au grand jour. Les ovaires sont, eux, comme la lune. Ils séjournent dans la nuit du corps et n'apparaissent dans leur fonction de reproduction qu'éclairés par la visibilité des testicules. Cette différence anatomique qui veut que les testicules sortent de l'intérieur du corps est à l'image des différences pulsionnelles entre l'homme et la femme. Le désir sexuel de l'homme est tourné vers l'extérieur de son corps. Il vise à l'expulsion de la semence. Le désir sexuel de la femme est tourné vers l'intérieur de son corps et la réceptivité de l'organe masculin. Telle est la complémentarité pulsionnelle entre les sexes. C'est aussi la raison pour laquelle on qualifie de « lune » le sexe des petites filles. Pour le garçon, on parle de « petit oiseau », ce qui image le mouvement de sortie des pulsions masculines et évoque aussi bien la descente des testicules que l'érection.

A partir de là, le « carreau cassé » peut prendre un autre sens. Ivre et confronté à la lune, cet homme envoie son poing dans un carreau. Voilà qui tente de réparer l'absence de parole maternelle sur son propre sexe. L'ivresse réactualise le vécu de son enfance, mais lui permet aussi de ne plus « se tenir à carreau » devant la lune ou la parole maternelle. Se tenir à carreau, c'est endosser la parole de sa mère qui, en ne nommant pas le « petit oiseau », dénie l'existence de son sexe. Le mouvement de sortie du bras qui brise le carreau tend à réparer cela, en donnant droit d'existence à l'extériorisation des pulsions masculines. On voit la symbolique sexuelle que cache un acte apparemment symptomatique.

Quant à l'enfant, contrairement à ce que l'on veut croire dans ces cas-là, ce n'est pas le fait d'avoir été réveillé par l'ivresse de son père qui l'a perturbé. Tout au contraire, c'est d'avoir perçu cette symbolique sexuelle avec laquelle se débattait son père qui l'a vivement intéressé, et cela du point de vue de ses nécessités identificatoires. Ayant perçu la symbolique d'un coït, mais ne comprenant pas tout, il aurait bien voulu en savoir plus. C'est pourquoi il a déclaré qu'il ne pouvait pas s'endormir. « Mon carreau va se casser » était là une question qui résumait tant bien que mal ce qu'il avait compris et indiquait qu'il voulait en savoir plus. C'est de son père qu'il attendait un complément d'information, autrement il me l'aurait fait formuler à moi-même. Il a d'ailleurs été assez doué pour l'obtenir et sitôt qu'il y est arrivé, il s'est empressé d'aller en informer sa mère : « J'ai des couilles, c'est papa qui l'a dit. » Il affirmait ainsi qu'il savait maintenant pourquoi les garçons ne se tiennent pas toujours à carreau.

On perçoit à travers cet exemple de quelle façon *l'absence de parole sur « les bijoux de famille » peut se transmettre de père en fils sur un mode symptomatique.* Sans la parole d'un adulte, le garçon ne peut ni se représenter la puissance solaire des testicules, ni atteindre à la fierté de son sexe. Il ne peut comprendre qu'il disposera, à l'âge adulte, d'une puissance qui, comme le soleil, émet la vie, car il ne voit passer par son sexe que de l'urine. Pour le comprendre, il faut que les testicules se signalent dans le langage. N'est-ce pas d'ailleurs ce qui s'entend lorsqu'en argot on les appelle les « grelots » ou les « sonnettes » ?

L'érotique des bourses et le rapport à l'argent

Dans les rêves, l'imaginaire et l'inconscient, la liquidité monétaire de l'homme apparaît souvent comme un équivalent de sa production testiculaire. Les testicules sont contenus dans des enveloppes qu'on appelle les bourses. En parlant de bourses, le langage associe le tintement de la monnaie à celui des « grelots » et la force de travail des hommes à leur capacité de produire des spermatozoïdes. La liquidité de l'argent renvoie ainsi à celle des testicules dont on use dans le commerce amoureux.

On a d'ailleurs tendance, dans notre culture, à juger de la moralité de la femme à travers la façon dont elle utilise la production testiculaire de l'homme. La maman et la putain sont alors deux images antagonistes qui déterminent celle qu'on se fait de la femme. D'un côté, l'image asexuée de la mère qui, sur le modèle de la Vierge Marie, dénie avoir eu à utiliser la production testiculaire de l'homme. De l'autre, celle de la putain qui, s'étant vendue au Diable, n'utilise les bourses qu'afin de les vider, en vue d'un vulgaire profit.

La symbolique qui associe l'argent aux testicules est, ainsi, aussi incontournable pour la femme que pour l'homme. La façon dont une femme assume ou non d'utiliser l'argent d'un homme dépend de celle dont elle use ou non de sa production testiculaire. Lorsqu'ils ont eu des enfants et qu'ils se séparent, il est fréquent que l'homme rechigne à payer une pension alimentaire. On dit alors qu' « il a du mal à les lâcher ». On pense à ses sous, mais l'expression laisse aussi entrevoir le rapport à ses testicules dont il lui faut reprendre possession, en sevrant son ex-épouse du libre usage qu'elle en a eu, auparavant.

Lorsqu'on les écoute sur cette question, les hommes ne comprennent généralement pas eux-mêmes cette difficulté qu'ils ont à assumer, au-delà d'une séparation, d'avoir à payer une pension alimentaire. Ils n'y comprennent rien car il ne s'agit pas du rapport à leur enfant, mais d'une protestation qui concerne leur rapport à la femme. Qu'ils soient séparés ou pas, si l'argent qu'un homme donne à une femme n'est pas reçu comme le produit de sa virilité, il ne peut alors se vivre que comme une vache à lait et n'a plus aucune garantie que sa femme le différencie de ses parents à elle. Il lui est donc difficile d'admettre qu'elle puisse continuer, au-delà d'une séparation, à revendiquer d'avoir accès à ce qu'il vit, inconsciemment, comme un équivalent de sa production testiculaire.

Dans ce genre de conflits, les femmes d'ailleurs ne sont généralement pas plus claires que les hommes. Soit elles consultent en se vantant de ne jamais avoir demandé quoi que ce soit au père de leur enfant, ce qui équivaut à dénier que l'enfant soit le produit des testicules de son père. Soit, à l'inverse, elles prétendent farouchement au droit de pouvoir continuer à user de sa liquidité dans un déni de toute rupture. C'est d'autant plus frappant lorsqu'elles n'ont pas d'enfant de lui. L'ex-mari devient aussi asexué qu'un père, mais a l'avantage d'être moins encombrant, puisqu'on lui fait assumer le rôle nourricier d'une mère. Voilà des femmes qui dénient leur propre castration, afin de ne rien perdre du confort que représente le fait d'avoir eu une mère.

Lorsqu'on compare le discours des hommes et des femmes qui nous consultent, on a l'impression qu'ils ne sont pas du tout préoccupés par les mêmes questions. Les femmes semblent, beaucoup plus que les hommes, être attentives à l'entretien de la vie, au vieillissement du corps, aux malaises par lesquels il se signale. Dans leurs activités familiales et professionnelles, elles se plaignent d'être débordées, d'en faire trop. De même dans leurs rapports amoureux avec les hommes. Elles ont toujours peur d'en avoir trop dit ou trop fait, d'avoir été trop spontanées ou indécentes. Pour les hommes, c'est exactement le contraire. S'ils se plaignent, c'est parce qu'ils ont l'impression de ne jamais en avoir fait assez. S'ils sont malades, c'est leur métier qui les préoccupe en premier. S'ils sont amoureux, ils s'angoissent sur tout ce qu'ils n'ont pas fait. Ils ont peur de ne jamais avoir assez produit de plaisir, de paroles ou de jouissance. Que ce soit dans le travail ou les rapports amoureux, ils ont toujours l'impression de ne pas en avoir fait suffisamment.

Cette différence fondamentale dans la plainte des hommes et des femmes répond de la différence de leur fonctionnement biologique. Notre façon de nous penser et de nous conduire est, à un autre niveau, l'écho de la vie de notre corps et de nos organes. Les oppositions entre l'homme et la femme émanent, dans ce cas, de leurs différences anatomiques. Produire ou pas différencie le fonctionnement des testicules de celui des ovaires. La femme ne produit pas d'ovules. Elle fonctionne sur le modèle d'une banque. Elle naît avec un stock d'ovules et le travail des ovaires consiste à en permettre la maturation. La ménopause correspond ainsi à la fermeture des guichets de la banque. L'homme a un fonctionnement très différent. Tout au long de sa vie, il produit des spermatozoïdes. Il en libère plusieurs centaines de millions à chaque éjaculation et cette production n'est soumise ni à une périodicité ni à une date limite. Voilà qui éclaire pourquoi la femme est beaucoup plus attentive à l'épuisement de son corps que l'homme qui semble, lui, polarisé sur la question de sa production.

Dans l'image consciente ou inconsciente qu'il se fait de son corps, les testicules sont pour l'homme le symbole de sa puissance créatrice. Ils témoignent de sa virilité. Testicule vient du latin *testis*, le témoin. Mais ils témoignent aussi de la façon dont l'homme vit sa force de travail, comme une ressource inépuisable. La dimension intarissable de sa production testiculaire répond d'une symbolique qui préside au plaisir de dépenser sa force de travail. Sous cet angle, claquer sa paie en une soirée peut être considéré comme une pratique virile, d'autant plus qu'elle n'a guère d'équivalent chez la femme. La dépense est pour l'homme la reconnaissance que sa force virile est intarissable ou que l'éjaculation n'épuise en rien sa production testiculaire.

Porter la culotte, c'est assurer la liquidité des bourses qu'elle contient. La dépense est ainsi partie prenante de l'érotisme masculin. Offrir des fleurs, des métaux précieux ou des pierreries est, dans l'économie masculine, répondre de l'assurance que confère le port des « bijoux de famille ». La production d'une liquidité utilisable étant centrale dans l'imaginaire et la mobilité masculines, son érotique est celle de la fête au cours de laquelle on utilise amplement la richesse testiculaire. C'est la luxure ou la dépense par lesquelles on puise abondamment dans l'inépuisable générosité des bourses.

V

LE PLAISIR ÉROTIQUE ET LA DIFFÉRENCE DES SEXES

Jouissance sexuelle de la femme

Admettre la différence des sexes est une chose, l'assumer en est une autre. Sans revendiquer pour autant d'être une femme, ou compenser dans le fétichisme le regret d'être un garçon, un certain nombre d'hommes témoignent, à l'âge adulte, que la maturation œdipienne ne leur a pas permis l'investissement narcissique de leur propre sexe. Alors qu'ils sont sensibles à la beauté du corps féminin, le leur leur apparaît vulgaire et dépourvu de toute valeur esthétique. Cela ne les empêche pas d'aimer les femmes, mais s'ils hésitent plus que d'autres à s'y risquer, c'est qu'ils n'en retirent aucune valorisation de leur propre corps et de leur sexe. Certains, comme ce comédien traumatisé enfant par le libertinage et le sadisme de son père, ont besoin de rencontrer des femmes qui les réhabilitent dans leur corps et leur personne. N'ayant, à l'âge œdipien, ni pu idéaliser la sexualité d'un homme adulte, ni recevoir une parole qui leur permette d'être fiers de leur sexe, ils ont du mal, en devenant eux-mêmes adultes, à assumer leur identité virile. D'autres, à l'inverse, affichent une certitude phallique qui semble fonctionner indépendamment de leur rapport à la féminité. C'est ce que l'on reproche au machisme. On y voit une faculté de bander en devançant la demande qui dénie tout autre désir que celui concernant directement son propre entrejambe.

L'érotisme implique une représentation de soi-même qui permette de se concevoir comme le possible acteur de la jouissance d'un autre. Pour l'homme, les fantasmes doivent soutenir le désir de pénétrer. Pour la femme, celui d'être pénétrée. Mais du fait qu'il pénètre, on a tendance à considérer la jouissance de l'homme comme plus externe, moins compromettante ou plus anodine que celle de la femme. On la limite ainsi à un plaisir de conquérir dont l'éjaculation est l'aboutissement. Du même coup, virilité et brutalité sont indissociables de la complaisance avec laquelle y répond le sexe adverse. Caractérisée par le désir de pénétrer, de trouver, par le sexe, accès au corps de l'autre, la jouissance virile implique sinon des fantasmes de viol, du moins des fantasmes de puissance qui valorisent la verge et soutiennent sa capacité à conquérir le corps d'une femme. La fantasmagorie virile est toujours possessive dans la mesure où le pénis doit s'approprier le lieu où il dépose sa semence. La position masculine n'implique pas moins la mise en jeu du plus intime de soi-même.

Pour l'homme, comme pour la femme, la jouissance sexuelle est un accès au plus interne de l'autre, mais aussi de soi-même. La sexualité ne peut que dévoiler les images de l'enfant qu'on a été. C'est par exemple ce dont se défend l'érotique sadomasochiste.

Le sadomasochisme est une forme abâtardie de l'érotique du maître et de l'esclave sur laquelle nous reviendrons. Les fantasmes de viol et de possession y apparaissent comme le principal moteur de la sexualité. C'est une érotique qui valorise la puissance phallique et les fantasmes guerriers afin de garantir que le territoire de la sexualité adulte n'appartient plus à la mère. Ce qui fait alors retour dans l'érotisme est la façon dont l'enfant a cru comprendre que sa sexualité ne se différenciait de celle de l'adulte que par le droit de ce dernier à user librement de son sadisme. L'enfant battu par celui dont il dépend et qu'il idéalise le réinterprète automatiquement dans ses fantasmes comme une jouissance qu'il procure. A l'âge adulte, soit, de façon masochiste, il continuera dans sa sexualité à ne pouvoir se prendre que pour un enfant, soit, de façon sadique, il essaiera désespérément de croire qu'il a enfin acquis les vrais pouvoirs de l'âge adulte.

Voilà pourquoi le sadomasochisme peut trôner à la devanture des sex-shops. En cherchant à faire du pénis un maître absolu ou une arme toute-puissante, l'érotique sadomasochiste lui attribue la charge de gouverner les visions quelque peu effrayantes que l'on s'est données, enfant, de la sexualité. Assujetti au règne de la violence phallique, l'infantile semble ainsi tenu en laisse, mais il est en fait masqué derrière des représentations guerrières de pacotille. L'image que l'homme sadique se donne de lui-même est en carton-pâte car il essaie avec obstination de croire que la dureté ou la violence du pénis est seule responsable de la jouissance sexuelle. Or, l'intensité de la jouissance érotique dépend autant des facultés viriles que de l'accueil qui leur est fait.

L'homme est certes narcissiquement centré sur le fonctionnement de son pénis, mais s'il se considère comme ne pouvant jouir que de sa propre phallicité, il risque de devenir envieux des femmes qu'il regarde alors comme les seules à posséder la capacité de jouir de tout le corps. Du même coup, la jouissance féminine est considérée comme un phénomène d'autant plus mystérieux qu'il n'est assujetti à aucun organe précis. Freud lui-même voyait dans la sexualité féminine un « continent noir », un domaine qu'il n'était pas parvenu à explorer. On se demandait à l'époque comment jouissaient les femmes. Devaient-elles jouir avec leur clitoris ou leur vagin ? La jouissance clitoridienne étant en continuité de celle, infantile, que la fille a connu avec sa mère, la jouissance vaginale peut situer le passage à l'âge adulte. C'est ainsi que la princesse Marie Bonaparte choisit de se faire opérer du clitoris, car la psychanalyse qu'elle avait faite avec Freud ne l'avait pas guérie de sa frigidité.

En fait, l'homme ne possède pas moins que la femme la capacité de jouir de tout son corps. La femme est toutefois plus apte à le ressentir et à en parler. Non pas que l'absence de pénis soit compensée chez elle par une plus grand érogénéité du reste du corps, mais parce que la féminité se caractérise, en premier, comme une capacité d'accueil et de réception qui permet de s'ouvrir au plus profond de soi-même. Lorsqu'elle s'interroge sur sa féminité et qu'elle en parle à un analyste, c'est en abordant ses capacités d'accueil que la femme peut commencer à dévoiler le mystère de sa propre jouissance. Il lui arrive alors de découvrir, en cours de cure, la faculté de jouir de tout son corps. C'est souvent pour elle une révélation. La jouissance qu'elle a connue jusqu'alors lui semble s'être éternisée dans des jeux préliminaires, car elle a eu, cette fois, la sensation première que l'énergie qui passe par le sexe de l'homme l'a envahie dans tout son être. L'image qui vient alors aux femmes est celle d'une jouissance qui résonne dans toutes leurs cellules.

On voit ainsi que les notions de jouissances clitoridienne et vaginale sont insuffisantes pour décrire la jouissance féminine. Cette jouissance qui, pour la femme, envahit tout le corps n'érotise pas que le vagin. Elle le situe comme une porte qui peut ou non s'ouvrir sur une jouissance plus globale. Beaucoup plus que celle limitée au clitoris et au vagin, c'est cette jouissance qui est transcendantale pour la femme. C'est la seule qui effectue un remaniement en profondeur de son image du corps et la dégage du même coup du poids que représentent souvent pour elle les identifications à la mère.

Voilà qui éclaire la jouissance féminine mais rend du même coup plus mystérieuse celle de l'homme. L'homme ne jouit-il que de faire jouir sa partenaire, ou peut-il connaître, en dehors de l'éjaculation, une jouissance équivalente à celle de la femme ?

Jouissance sexuelle de l'homme

Alors même qu'elle se concentre sur son pénis, la jouissance masculine ne se limite pas à la conquête du territoire que représente le corps de la femme. Elle résonne autant à partir de toute l'intériorité de lui-même. Elle correspond pour lui aussi à l'ouverture du jardin secret de son être dont les portes sont habituellement fermées. Pour lui comme pour elle, la jouissance consiste à aller chercher au plus profond de soi-même et dans la totalité de son corps les énergies qui en sont cause.

La jouissance sexuelle correspond à une intense circulation énergétique qui provient du contact des muqueuses. Pour en arriver là, l'homme pénètre et la femme se fait pénétrer. Mais au niveau du contact des muqueuses, il s'agit d'une compénétration énergétique et réciproque dans laquelle l'homme met en jeu autant que sa compagne le plus intime et le plus profond de lui-même. Sous cet angle d'ailleurs, le pénis n'est guère plus externe que le vagin, puisque l'érection est avant tout une sortie des muqueuses qui permet un contact d'intérieur à intérieur.

On ne voit donc pas pourquoi le jardin secret de l'homme serait moins fragile que celui de la femme. La différence de leurs fragilités provient de la différence de leur rapport à la mère. Alors que pour la femme le rapport au pénis et à la jouissance qu'elle en retire lui indique qu'elle a bien quitté sa mère, pour l'homme rien de tel ne lui est garanti lorsqu'il use de son pénis. Toutes sortes de signes jalonnent sa vie sexuelle et semblent venir là comme pour lui signaler que le fantôme de sa propre mère est incontournable dans sa sexualité.

Ceux qui coïtent en rêve avec leur mère sont suffisamment nombreux pour avoir permis à Freud d'inventer la théorie de l'Œdipe. Ce genre de rêves ne correspondent toutefois pas à la mise en images d'un désir pur et simple. Le cas de Don Juan montre qu'ils ont pour objectif premier de réparer la perception que l'on s'est faite, enfant, de la sexualité de ses parents. S'ils sont fréquents dans l'économie masculine, c'est qu'il n'est pas forcément évident, aux yeux de l'homme, que sa mère soit aussi une femme.

Assez nombreux sont les hommes qui consultent pour impuissance après la naissance d'un premier enfant. Ils n'ont généralement rencontré jusque-là aucune inhibition sexuelle avec leur épouse. C'est seulement depuis qu'ils ont assumé de recréer une mère que leurs facultés viriles se retrouvent en impasse. Ils découvrent ainsi, pour l'occasion, à quel point la leur, en interdisant toute représentation de sa féminité, les a profondément inhibés dans leur construction sexuelle.

D'autres, qui peuvent se vanter d'être des chauds lapins, consultent pour une autre forme d'impuissance qui surgit bizarrement au moment où ils tombent amoureux. Trop aimer une femme se traduit chez eux par une inhibition de leurs facultés érectiles. Ils ont alors souvent le fantasme que leurs anciennes débauches vont salir un si bel amour. C'est la façon dont revient, à travers celle qu'ils aiment, la représentation d'une mère qui n'aurait jamais été déflorée. N'ayant pas eu, enfants, le droit d'imaginer leur mère comme une personne sexuée, leur érotisme est entravé par la représentation de la Vierge Marie. Aimer une femme non plus comme un jeu anodin, mais aussi intensément qu'ils ont aimé leur mère les rend, au lit, aussi asexués que le petit Jésus qu'ils ont été pour elle.

Le simple fait d'avoir aimé sa mère sans avoir pu la considérer dans sa féminité peut ainsi rendre l'homme impuissant. Sous cet angle, il est plus fragile que sa compagne. On voit rarement la frigidité féminine provoquer un suicide. L'impuissance masculine peut y conduire.

En se donnant de tout son corps à la jouissance, la femme transcende ou dépasse les identifications à sa propre mère. Elle ne retrouve pas celle qui, à travers la parure et le vestimentaire, lui a indiqué ce qui était permis ou interdit dans le domaine sexuel. Elle retrouve celle qui, antérieure et nue, l'a portée dans son ventre. C'est pourquoi la jouissance peut résonner dans toutes les cellules du corps. Elle n'est plus entravée par une référence aux images de la personne qu'a été sa mère. Elle se soutient d'une identification plus ancienne à la matrice d'avant la naissance.

L'homme a un fonctionnement quelque peu différent. Pour lui aussi la sexualité atteint sa pleine dimension dans la retrouvaille des énergies prénatales : dans le coït, l'activité de son pénis se substitue, consciemment ou inconsciemment, à celle du fœtus dans la matrice. C'est ce qui lui procure une sensation de nirvana ou de perte de la gravité. Mais les identifications qu'il lui faut transcender concernent en premier la phallicité de son père et la façon dont il a conçu, enfant, que ce dernier satisfaisait sexuellement la mère. En assumant de jouir de son pénis, il résout du même coup ce qui lui a manqué dans la relation à sa mère.

Si celle-ci ne lui a pas radicalement caché qu'elle était aussi une femme, enfant, dans sa relation amoureuse à elle, il a surtout eu à supporter la prématuration de son pénis et l'impossibilité de remplacer son père dans le lit maternel. C'est pourquoi la puissance sexuelle est, à l'âge adulte, une des clefs de voûte du narcissisme masculin. Dès qu'il use de son pénis, l'homme a la garantie qu'il n'est plus un enfant. Mais dès qu'il se fixe sur une femme, il risque aussi de retrouver tout ce qui lui a manqué dans la relation à sa mère.

Si sa virilité est mise en échec, si son sexe ne lui apparaît plus comme le lieu par lequel il donne vie et plaisir, il peut alors sombrer dans une déprime infantile, en ne pouvant que projeter une tyrannie maternelle sur toute femme dont il attend quelque chose. On comprend pourquoi l'homme adulte ne répugne pas au libertinage. Se servir de son sexe est le premier garant de son identité adulte. Le fantôme de sa propre mère étant incontournable dans sa sexualité, le libertinage le protège d'avoir à retrouver l'enfant en lui-même. S'il ne connaît qu'une seule femme, il court le risque de la confondre avec sa mère. Inversement, s'il ne supporte que des rencontres libertines qui lui évitent d'approfondir la moindre relation, c'est qu'il trouve là le moyen le plus simple pour éviter d'avoir à retrouver sa mère dans sa sexualité.

Ce n'est donc pas sur la profondeur de leurs jardins secrets que l'homme et la femme diffèrent, mais sur la différence des ressorts qui en permettent l'ouverture ou la fermeture, cette différence qui se structure à la période œdipienne. Dès qu'il est mobile sur ses jambes, l'enfant est en mesure d'intégrer la différence des sexes. Debout, il réenvisage la différence anatomique car il la voit d'une tout autre façon. La puissance qu'acquiert, en retombant sur le sol, le jet d'urine est un événement nouveau. Le jeu du robinet, la faculté d'en actionner ou non de ses mains la direction, différencie les filles des garçons. Dans leur façon de parler, les adultes le soulignent. Complaisants vis-à-vis du garçon qui manipule son robinet, ils renvoient la fille à sa différence anatomique en la traitant de pisseuse.

C'est ainsi, à partir de la station verticale, que se structure l'appareillage pulsionnel qui soutient l'entrejambe. La pulsion est un terme du vocabulaire analytique qui désigne un mouvement affectif et sexuel, un mouvement de vie intermédiaire entre ceux du corps et ceux de l'esprit. Les pulsions anales donnent forme à la matière, mais soutiennent aussi la forme du corps et la façon dont on le présente. Elles modèlent les excréments avant de les expulser. Aux yeux de l'enfant, ce sont des pulsions maternelles, puisqu'elles évoquent le corps de la mère donnant forme au fœtus, le modèle avant de l'expulser. Les pulsions urétrales, qui poussent l'urine dans le canal de l'urètre et provoquent la miction, évoquent des souffles plus radicalement masculins. La puissance du jet fait bien sûr penser à celle de l'éjaculation. Mais pour l'enfant, et plus particulièrement le garçon, elle évoque surtout, comme nous allons le voir, l'invisible endroit où l'identification à un père donne les ressorts de sa propre mobilité sexuelle.

Cette mobilité, dont dépend à l'âge adulte l'animation sexuelle, est très différente pour la fille et le garçon. L'âge œdipien voit les unes jouer à la poupée et les autres au revolver. N'allons pas en conclure que le sexe faible se focaliserait sur la vie, laissant au sexe fort la fascination pour la mort. La petite fille est tout à fait capable de tuer sa poupée. La mort n'a pas plus pour elle que pour le garçon la valeur irrémédiable qu'elle acquiert à l'âge adulte. Tuer est, pour l'enfant des deux sexes, un jeu qui valorise la vie dans les modalités sexuelles qui l'opposent à la mort. Pour l'inconscient qui considère la mort comme une ultime naissance vers un espace inconnu, tuer est l'équivalent de donner vie. Ce n'est toutefois pas cela qui intéresse en premier le garçon dans le jeu du revolver. Ce qui l'intéresse, c'est de pouvoir manier un objet dont l'extraordinaire force permet de se séparer d'un projectile tout en en maîtrisant la portée et la direction. Nous retrouvons ainsi le jeu du robinet agrémenté d'une notion nouvelle, celle de projectile. Voilà quelque chose qui préfigure déjà mieux que l'urine le fonctionnement du pénis à l'âge adulte.

Or, si la balle ou la fléchette peuvent évoquer le sperme, il s'agit là de quelque chose que l'enfant ne peut pas voir de ses yeux. Même s'il assistait à un coït, il n'y verrait pas grand-chose, puisque le pénis ne dévoile sa puissance que caché par un vagin. D'où le fait que, pour le garçon, le projectile est semblable au Verbe et aux souffles qui animent son corps et l'identifient à son père.

Chez l'enfant, comme chez l'adulte, la vie fantasmatique ne cherche pas à se représenter le pénis tel qu'on peut l'observer en ouvrant les yeux. Si les fantasmes ne le représentaient que comme une protubérance de chair, ils n'apporteraient aucun éclairage sur la puissance des souffles sexuels. C'est pourquoi ils lui substituent toutes sortes d'objets fabuleux qui, comme les armes ou les instruments de musique, le représentent dans son activité et valorisent sa puissance énergétique. C'est ce qu'indique le jeu du revolver. Il s'agit avant tout d'un jeu qui signale que le garçon se préoccupe du rôle que joue le pénis dans la sexualité de sa mère. Se sentant immature et incapable de la satisfaire, c'est en jouant au revolver qu'il idéalise le fonctionnement adulte du pénis et se détourne de la jouissance infantile qui l'a relié à elle.

Centrées sur le fonctionnement du pénis, les pulsions viriles soutiennent un mouvement d'émission tourné vers l'extériorité du corps, le voyage, la possession et la conquête. Relevant d'un mouvement inverse, les pulsions féminines sont polarisées sur l'intériorité du corps et de l'être. Elles soutiennent la réceptivité, l'appel, l'attraction et le recel propres à l'utérus. Les fantasmes qui correspondent aux pulsions viriles sont des fantasmes d'attaque, de pénétration, de chevauchée, de maîtrise et de conquête. Ceux qui correspondent aux pulsions féminines mettent en scène la séduction, le don de soi, la réceptivité à l'organe mâle et la capacité de se laisser conquérir au plus intime de soi-même. L'érotisme est, à ce niveau, indissociable des images guerrières. Il l'est pour l'homme qui voit en son sexe le principal outil de ses conquêtes. Il l'est pour la femme qui, voyant en lui un « tendre ennemi », lui attribue des armes auxquelles elle ne peut résister.

L'homme est du même coup, beaucoup plus que la femme, préoccupé par la jouissance qu'il est censé procurer. Lorsqu'on est psychanalyste, on entend rarement les femmes s'interroger sur leur capacité à donner de la jouissance sexuelle. Les hommes, à l'inverse, sont particulièrement inquiets sitôt qu'en ce domaine, à tort ou à raison, ils fantasment une défaillance de leur part. L'usage commun qui consiste à déléguer l'activité aux pulsions viriles et la passivité aux pulsions féminines n'arrange rien à la chose. Qu'elles émettent ou qu'elles réceptionnent, les pulsions sexuelles sont toujours actives. Féminines ou masculines, les pulsions relèvent avant tout d'une générosité première de l'être et du besoin d'échanger avec son prochain. Vouloir que la femme soit passive dans sa sexualité renvoie à des images d'Epinal qui prennent source dans la rigidité sexuelle du XIXe siècle. Dans de nombreuses cultures, le rôle de la mère est d'éduquer sexuellement sa fille, afin de l'initier à la compréhension du fonctionnement masculin. Dans la nôtre, on a plutôt cherché à éduquer les filles en leur laissant croire que le moment venu, elles n'auraient rien d'autre à faire qu'à ouvrir les cuisses, en se bouchant les yeux et les oreilles.

L'homme, en retour, a tendance à penser qu'il est seul responsable de la jouissance qu'il prend ou qu'il procure. Il se représente alors le vagin comme une sorte de gant dépourvu de toute activité propre et il ne conçoit pas que la jouissance sexuelle puisse provenir d'autre chose que de ses propres facultés érectiles. Si, en pénétrant une femme, il n'y trouve que peu de jouissance, ou si, après l'avoir pénétrée, il se met à débander, il interprète cela comme une défaillance qui ne le concerne que lui.

Rappelons-nous la surprise de l'homme sur lequel s'ouvre ce livre. Après avoir passé une partie de la nuit à être impuissant avec une femme, il découvre, à son grand étonnement, qu'il ne l'est plus du tout avec une autre. C'est ce qui l'amène à conclure qu'il n'y a pas de meilleur aphrodisiaque qu'une femme qui vous désire vraiment. Jusqu'alors, cet homme ne s'était jamais rendu compte du rôle de la féminité dans la qualité de ses érections. Il se croyait seul responsable du plaisir que procure la jouissance. Par la suite, je l'ai longuement entendu s'extasier sur la vivance du vagin et la façon dont les énergies féminines déterminent la puissance du coït. Le vagin n'est pas moins actif que la verge. L'art du coït implique de part et d'autre la capacité de se concentrer sur les sensations et les fantasmes qui relèvent du désir, afin de laisser passer les énergies sexuelles qui font la qualité du voyage. Dans ce duo, la femme n'est pas plus passive que l'homme et la magie de l'érection n'enlève rien à l'activité qui, de son côté, la provoque.

Polygamie de l'homme

La capacité de satisfaire plusieurs femmes à la fois est partie prenante de l'érotisme viril. Comme dans *Huit et demi*, le film de Fellini, l'homme s'imagine aisément au milieu d'un harem centré sur sa phallicité. Cela ne l'empêche nullement de rêver aussi à une monogamie sans faille dans laquelle la femme idéale est tout à la fois sœur, mère, amante et épouse. L'homme est, dans sa nature, plus enclin à la polygamie que sa compagne, c'est un fait bien connu. Très fréquemment, la femme se plaint qu'il soit coureur. Elle rêve alors de pouvoir tenir en laisse le pénis de son conjoint. Mais elle peut aussi difficilement ignorer que la réalisation d'un tel fantasme n'aboutirait qu'à une seule chose, le faire débander.

On conçoit que le fantasme du harem puisse apparaître aux yeux de l'homme comme un répondant de sa virilité. Il est déjà plus étonnant de constater que sa polygamie est aussi, dans l'imaginaire et les fantasmes féminins, un garant de sa virilité. Lorsque son compagnon la trompe, il est rare que la femme n'en souffre pas. Mais, à l'inverse, si dans un couple l'homme avoue à sa compagne qu'il était puceau avant de la connaître, il arrive qu'elle devienne sexuellement phobique de lui. La femme consulte alors un thérapeute, car cette phobie qui lui fait brusquement rejeter sexuellement celui qu'elle aime lui apparaît aussi irrationnelle qu'absurde. Ne pouvant interpréter les aveux de son homme comme un manque d'amour à son égard, elle ne comprend pas ce qui lui arrive.

L'inverse n'est pas vrai. Lorsque la femme qu'il aime était vierge, et qu'il se sait être le seul à l'avoir pénétrée, l'homme y voit généralement une valeur érotique tout à fait certaine. Il n'interprète en tout cas jamais la monogamie de la femme comme un défaut de sa féminité. Hommes et femmes semblent ainsi se regarder sous des éclairages tout à fait différents. Alors que dans les fantasmes masculins la virginité est ressentie comme une valeur érotique d'autant plus précieuse que rare, dans les fantasmes féminins, l'idéalisation virile de l'homme implique qu'il ait eu d'autres aventures. C'est là une différence fondamentale qui provient d'une autre différence, celle de leurs structures œdipiennes.

Les fantasmes qui animent la sexualité se construisent au cours de la période œdipienne. Cette période commence avec le jeu du robinet. Elle se termine autour de la septième année, moment où, par le biais de l'école, l'enfant est initié à la vie sociale. Le langage commun ne se trompe pas sur ce qu'est la fin de l'Œdipe. Il appelle cet âge l'âge de raison, car il constate que l'enfant peut enfin renoncer à l'idée un peu folle d'épouser l'un ou l'autre de ses géniteurs.

A l'âge adulte, la structure œdipienne d'une personne correspond à la gamme personnelle des fantasmes qui lui permettent de vivre sa sexualité. Cette structure diffère pour l'homme et pour la femme : le petit garçon construit le modèle de sa sexualité dans le désir pour sa mère. La fille en fait autant dans la relation à son père.

Aux yeux de la petite fille, le garçon a un avantage. Porteur d'un robinet, il possède un objet qui, d'entrée de jeu, lui permet de se différencier de la mère. Visible, le pénis apparaît comme un garant de l'identité sexuelle du garçon. N'en ayant pas, la fille doit trouver autre chose pour éviter le risque de ne pas se différencier du lieu d'où elle émerge. Cherchant à construire sa propre identité sexuelle, elle intègre la féminité dans une rivalité identificatoire à sa mère. Pour remédier à ce qu'elle vit comme un manque anatomique, il lui faut séduire l'homme, le père qui, porteur d'un pénis, fait des enfants à la mère. La formation sexuelle d'une petite fille — et du même coup, la santé du féminin — implique donc une période où il lui soit possible de fantasmer un rapport sexuel avec son père. Cela demande bien sûr qu'elle puisse le percevoir comme quelqu'un qui satisfait la mère. C'est ce qui la dégage, tout comme le garçon, d'avoir, elle, à la satisfaire. Mais si le père est son premier objet sexuel, dans ses fantasmes d'enfant, la fille ne l'utilise qu'en second, puisqu'elle le prend à la mère. Voilà pourquoi, dans l'érotisme féminin, l'homme aimé est censé avoir connu d'autres femmes avant elle. Celle qui devient sexuellement phobique de son homme en apprenant qu'il était puceau ne fait que buter sur ses propres fantasmes œdipiens. Ayant rêvé, enfant, qu'elle épousait son père, elle ne pouvait le faire, dans ses scénarios œdipiens, qu'en tant que seconde épouse, la première restant sa mère. On comprend ainsi que dans les fantasmes féminins, l'homme idéal ne puisse jamais briller d'une fraîcheur virginale.

Monogamie de la femme

Chez la fille, la prématuration des organes sexuels n'entrave pas forcément la constitution des fantasmes mettant en scène un rapport sexuel avec le père. Ses organes génitaux sont invisibles. Elle peut ainsi les imaginer semblables à ceux de sa mère.

Une petite fille de quatre ans m'est amenée car elle régresse depuis que sa mère est enceinte d'un deuxième enfant. Elle refuse d'aller à l'école, se remet à sucer son pouce et se comporte comme un bébé. Les parents l'interprètent comme de la jalousie à l'égard de celui que l'on attend. C'est là où ils se trompent. Je questionne la gamine en ce sens. Un grand sourire me signale la joie où elle est de voir sa fratrie s'agrandir. Je lui demande alors s'il se passe quelque chose dans son ventre à elle. L'enfant perd son sourire, baisse les yeux, se montre triste et honteuse, attrape machinalement son pouce et se recroqueville sur elle-même.

Nous voilà au centre du symptôme pour lequel ses parents me l'amènent. En leur présence, je lui explique qu'elle aimerait bien, elle aussi, que son papa lui fasse un enfant, mais que ce n'est pas possible car son utérus n'en est pas encore capable. Pour qu'un homme puisse lui faire un enfant, il lui faut attendre d'être grande comme sa mère. Sidérée, elle écarquille les yeux. « Ah bon », dit-elle. Nous reprenons rendez-vous mais à la séance suivante, tous ses symptômes ont disparu. Elle est sortie de sa régression. Il n'est plus nécessaire que je la revoie. Sachant que son utérus est immature, elle peut de nouveau idéaliser sa mère et se projeter dans l'âge adulte.

Il est tout aussi important de nommer à la fille la prématuration de son utérus que de parler au garçon de la fonction des testicules. L'intériorité des organes génitaux féminins peut en effet laisser croire à la petite fille que les siens sont semblables à ceux de sa mère. Il n'en va pas de même pour le petit garçon. S'il fantasme un rapport sexuel avec sa mère, il bute automatiquement sur la prématuration de son sexe, car chez lui cette prématuration est visible. Son père produit de la semence. Il s'en préoccupe puisqu'il en est la preuve vivante, mais par son propre sexe il ne voit passer que de l'urine. Il est donc obligé d'admettre qu'il ne pourra pas faire un enfant à sa mère avant d'avoir atteint l'âge adulte.

Filles et garçons idéalisent ainsi très différemment le sexe de leur père. En jouant au revolver ou au transformateur, le garçon idéalise le fonctionnement adulte du sexe dont il hérite. Il idéalise alors un appareillage qui, à ses yeux, différencie l'homme adulte de l'enfant. La fille n'idéalise pas tant le sexe de son père dans son fonctionnement que dans les effets qu'elle en fantasme en son corps. Elle n'est pas préoccupée comme le garçon par la fonctionnalité des testicules. Elle est centrée sur la question de son propre utérus. C'est là un des points fondamentaux dans la différence de leurs structures œdipiennes. C'est aussi ce qui explique qu'à l'âge adulte l'homme soit, dans sa nature, plus polygame et la femme plus monogame.

Pour l'homme, c'est en soi une satisfaction tout à fait importante de constater le fonctionnement de son pénis. Le simple fait d'avoir des rapports sexuels le valorise et le rassure, car cela résout les questions qu'il s'est posées, enfant, sur son immaturité sexuelle. A la différence de sa compagne, il peut donc investir son narcissisme dans la seule activité de son sexe. Il lui est plus aisé qu'à elle d'assumer des rapports sexuels avec quelqu'un qu'il n'aime pas forcément. Plus enclin à une sexualité libertine, il peut plus facilement se satisfaire d'une sexualité qui s'éparpille dans la multiplicité des partenaires, car le constat d'un pénis fonctionnel est en continuité avec l'idéalisation par laquelle il a fantasmé, enfant, l'activité du sexe de son père.

C'est pour cela que l'homme est beaucoup plus vulnérable que la femme sur le fonctionnement de son entrejambe. S'il ne peut la satisfaire ou s'il se croit impuissant, il risque d'en être dramatiquement détruit. Pouvoir en satisfaire plusieurs concourt, au contraire, au narcissisme d'un pénis fort et invulnérable qui l'inscrit dans la continuité des fantasmes par lesquels il a idéalisé les hommes adultes. L'homme est donc rarement détruit par une sexualité libertine.

Optant pour une telle sexualité, la femme risque d'en

être beaucoup plus facilement désorientée. Le libertinage est plus dangereux pour elle. La multiplicité des partenaires sexuels peut bien sûr valoriser son sexe, sa vulve, d'autres endroits de son corps ou ses qualités attractives. Elle est par là, elle aussi, rassurée d'avoir atteint l'âge adulte. Mais à la différence de l'homme, le libertinage ne peut pas s'inscrire pour elle dans la continuité de ses fantasmes œdipiens et de leur centrage sur la figure d'un père. Pour rester dans la continuité de sa structure œdipienne, elle ne peut se satisfaire d'une sexualité qui ne valorise que sa vulve. Le mystère que recèle son propre utérus étant central dans ses scénarios œdipiens, elle a beaucoup plus besoin que son partenaire de pouvoir le fantasmer comme un possible géniteur, un homme à travers lequel elle puisse retrouver l'idéalisation qu'elle a faite de son père.

Le rapport de la femme au pénis est ainsi très différent de celui de l'homme. La période œdipienne les décentre tous deux de la mère, en leur permettant de retourner leurs questions sur l'entrejambe du père. Mais alors que le garçon idéalise, chez son père, un appareillage, une activité et un fonctionnement sexuels qui ne lui sont pas encore permis, la fille n'idéalise le sexe de son père qu'en référence à l'utérus. Son idéalisation du sexe mâle ne porte pas sur la jouissance qu'elle pourrait en retirer : de cela, l'enfant ignore les ressorts. Elle porte sur la capacité du père à faire des enfants.

A l'âge adulte, sa tendance à la monogamie vient de là. Elle se justifie d'abord au regard de la procréation. Dans le cas où elle met au monde un enfant, il lui faut pouvoir lui indiquer qui est son père. La multiplicité des partenaires sexuels est à ce niveau un danger. Ne pas être capable de savoir qui est le père de son enfant peut être, pour la femme, une honte aussi douloureuse et semblable à celle de l'homme qui se découvre impuissant. Cette honte les renvoie en effet, chacun à sa façon, à l'idéalisation de l'enfant pour le père. Pour la fille, le pénis paternel a été un référent qui lui a permis de construire sa féminité et de se différencier de la mère. Soutenir cette référence au pénis à travers celui d'un homme qu'elle aime suffisamment pour pouvoir procréer la situe en continuité avec ses fantasmes d'enfant.

Beaucoup plus que l'homme, la femme a besoin d'une référence au pénis qui fasse de celui qu'elle aime une personne unique. Au lit elle s'étonne pourtant de la façon dont son partenaire la sollicite à parler de la jouissance qu'il lui procure. Aucun des deux n'ignore que tous les hommes sont pareillement constitués et que l'intensité du plaisir sexuel ne peut être attribuée à un seul des deux partenaires, mais dans l'amour l'homme peut avoir besoin d'entendre l'inverse.

Pour la femme, si l'homme qu'elle aime est unique, cela ne peut concerner le seul moment du coït. Les femmes sont donc étonnées que ce soit à ce moment-là que l'homme ait besoin d'entendre qu'il est unique pour elles. Elles ne comprennent pas pourquoi il les sollicite tant à verbaliser la jouissance qu'il leur procure. Pourquoi il tient tant à savoir ce qu'elles ressentent alors que souvent elles préféreraient se taire. Lorsqu'il cherche à savoir s'il les a mieux fait jouir qu'un autre, elles le trouvent un peu infantile. Elles ont du mal à comprendre qu'il cherche ainsi une preuve d'amour.

Comment tient une histoire de couple

Les paroles de la femme qu'il aime ont pour l'homme une valeur érotique tout à fait certaine. Elles valident bien sûr son narcissisme phallique. Mais surtout elles réparent l'endroit où, enfant, il lui a été interdit de se représenter la féminité de sa mère. Le besoin d'entendre parler celle qu'il tient dans les bras est chez lui proportionnel à la façon dont sa propre mère a muré, derrière le costume de la maternité, toute représentation de sa féminité. Investi dans sa propre puissance sexuelle et le fonctionnement de son organe, le narcissime viril s'articule à la façon dont il satisfait l'autre. Dans la rencontre et les préliminaires, la femme demande à l'homme de lui signifier son désir. Dans le coït c'est surtout lui qui a besoin de l'entendre, afin de retrouver la qualité des premiers émois qu'il a ressentis face à sa mère. Du même coup, lorsqu'une histoire tient entre eux deux, c'est rarement le masculin qui en est responsable. C'est, généralement, la qualité de la parole féminine qui fait tenir deux êtres ensemble.

L'homme est naturellement labile dans sa sexualité : il lui est facile de changer de partenaire. Apte à en satisfaire plusieurs, il est rare qu'il s'en prive, car cela va de pair avec le narcissisme propre à son sexe. La jouissance féminine est polarisée sur l'intériorité du corps, le rapport à l'être et le recel de l'utérus. La sienne vise à conquérir et à ensemencer un domaine extérieur à son corps.

Dans les fantasmes des deux sexes, la virilité est conçue comme la capacité d'occuper le territoire le plus vaste possible. C'est ce que l'homme met en jeu dans ses activités guerrières et sociales. C'est aussi la façon dont il fantasme sa puissance sexuelle. Sa production testiculaire étant inépuisable, il passe aisément d'un lit à l'autre. Ainsi lorsqu'une histoire d'amour s'installe, c'est rarement la fidélité du masculin qui en est responsable. La féminité est non seulement beaucoup plus active que le masculin dans le choix que font l'un de l'autre deux partenaires sexuels, mais c'est surtout d'elle que dépend le maintien de cette relation.

Lorsqu'un homme met un terme à l'éparpillement de

sa sexualité, lorsqu'une femme l'arrête et que se noue une histoire d'amour, c'est que le féminin a jeté sur lui un regard qui le particularise. C'est parce qu'il est regardé comme quelqu'un d'unique et de particulier qu'il se fixe sur ce qui le regarde. C'est ce que l'on constate lorsqu'on écoute les hommes s'interroger sur le choix de leur compagne. Lorsqu'ils se questionnent sur la façon dont ils se sont installés avec leur femme, il est rare qu'ils aient l'impression d'avoir eu à choisir. Ils racontent que les choses se sont faites toutes seules car avec celle-là, ils se sentaient toujours bien. S'ils s'interrogent plus avant, ils s'aperçoivent que ce sentiment de bien-être était étroitement lié au fait qu'ils se sentaient choisis et compris dans leurs particularités propres, alors qu'eux-mêmes ne s'étaient pas encore posé la question d'un choix qui leur permette de s'installer avec une femme.

Dans la réalité pulsionnelle des sexes, la soi-disant passivité de la femme est une chose absurde. Tous deux sont aussi actifs l'un que l'autre, dans leurs rencontres sexuelles. En dehors des idéologies bourgeoises qui culminaient au XIXe siècle, rien ne justifie de voir les choses ainsi, si ce n'est la difficulté des hommes à percevoir et reconnaître que la féminité est beaucoup plus active que le masculin dans la solidité des histoires d'amour.

Au XIXe siècle, la femme était loin d'obtenir le droit de vote. Les idéologues bourgeois essayaient de justifier leurs délires sur le sexe et la masturbation en s'appuyant sur l'Eglise. N'oublions pas que celle-ci était allée jusqu'à se demander s'il fallait accorder le droit d'avoir une âme à ces êtres dépourvus de pénis que sont les femmes. Considérant l'homme, Adam, comme fils de Dieu, elle n'avait su que faire de l'endroit où Eve ne procrée qu'au prix d'un pacte avec le Serpent. Les idéologues du XIXe siècle avaient ainsi tendance à considérer que la femme entretient, de par sa nature, des rapports particuliers avec le Démon. « Hystérie » vient d'« utérus », et avant que le Dr Charcot ne présente des cas d'hystérie masculine, on considérait que ces troubles étranges venaient du fait que les esprits démoniaques résidaient, de façon préférentielle, dans l'utérus des femmes. Eve était du même coup jugée beaucoup plus lubrique que son compagnon. Tels étaient les fondements idéologiques à partir desquels la médecine bourgeoise proposait de soulager les jeunes filles de cet appendice apparemment inutile dans la reproduction qu'est le clitoris. C'est dans un tel contexte que l'idéal féminin devait avoir toutes les apparences de la passivité.

A notre époque, il est plus aisé aux hommes de reconnaître quelque chose qui leur paraît évident sitôt qu'ils s'interrogent sur la qualité des souffles qui activent leur phallicité. Est-ce en effet autre chose que la mystérieuse activité de la féminité ?

Les questions que se posaient nos ancêtres sur les rapports de la femme et du Démon proviennent bien de la nature propre à l'activité féminine. Que celle-ci puisse jouer un rôle dans l'érection pose la nature même de son activité. A la différence de celle de l'homme, l'activité sexuelle de la femme ne se représente pas en elle-même. L'érection est visible, la féminité est beaucoup plus silencieuse. Pour l'homme, l'activité féminine peut donc, en soi, être une énigme. Lorsqu'il la perçoit et la réceptionne, il y voit une énergie d'autant plus invisible qu'elle se signale à lui et dans son corps d'une façon qui, à travers ses érections, est au contraire bien visible. Sous cet angle, les idéologues bourgeois de la sexualité étaient des hommes qui souffraient d'une certaine autonomie, celle qui caractérise le membre viril.

Revenons sur la façon dont le pénis apparaît dans la langue et les fantasmes, comme séparé du corps de l'homme et pourvu d'une vie qui le personnalise. C'est le *petit frère,* le *petit Jésus, Charles le Chauve,* le *lapin sauteur,* qui, comme celui de Pâques, dépose ses œufs sans qu'on puisse jamais le voir. C'est aussi le *cerf-paon* du rêve du début de ce livre, un animal extraordinaire et du même coup promu à de fabuleux voyages. Voilà une des fenêtres qui, dans les fantasmes, différencient l'homme de la femme. Vivant son sexe comme un véhicule vers la jouissance et l'extase, l'homme peut difficilement le concevoir comme faisant un avec son corps. L'érection n'est pas sous l'emprise de la volonté. Dans ses pensées, elle ne lui apparaît pas gouvernée par sa capacité de jugement et sa raison, mais par cette langue infantile et personnelle qu'est le dialecte fantasmatique.

Dans sa langue fantasmatique, l'homme fait beaucoup plus corps avec l'idéalisation qu'il a portée, enfant, sur le sexe de son père qu'avec son propre pénis. Ne pas pouvoir trouver dans ses fantasmes la garantie que son sexe fait bien un avec son corps est ainsi, pour lui, au centre des questions sur sa propre sexualité.

Dans le dialogue qui le relie à son pénis, savoir ce qui anime ou inhibe ce petit appendice est la première de ses questions. C'est la question restée sans réponse dans l'enfance du dormeur qui se représente son sexe comme un *cerf-paon.* Cette question, le rêveur continue à l'adresser à sa mère, car elle porte, en dernière analyse, sur la nature des énergies féminines qui, comme des petits *serpents,* animent son propre entrejambe. C'est aussi ce que l'on entend lorsque le langage appelle l'organe mâle la *précieuse,* la *ravissante* ou la *frétillante.* N'est-ce pas là, précisément, toute une gamme de représentations qui évoquent la façon dont les énergies féminines animent l'organe mâle et lui donnent son curieux caractère ?

C'est de cette vision, un peu surprenante pour

l'homme qui s'interroge sur la mobilité de son sexe, que souffraient, au XIXe siècle, les idéologues de la sexualité. Lorsque, comme tout un chacun, ils constataient que les charmes féminins avaient pouvoir de donner à leur appendice viril une autonomie contraire à la raison, ils se disaient que leurs ancêtres, les exorcistes moyenâgeux, avaient bien raison de penser que les femmes étaient des sorcières.

La différence des sexes peut difficilement se concevoir en dehors de toute référence à la communication qui anime le sexuel. Si l'homme et la femme n'ont ni la même nature ni la même structure œdipienne, la nature ne les a pas moins conçus dans un rapport de communication énergétique qui les rend complémentaires dans l'acte qui les réunit. Dans sa nature propre, l'homme est émetteur. Sa façon d'être est à l'image de son sexe. Dans sa façon d'exister, la femme est aussi à l'image de sa sexualité. Son activité est polarisée sur l'intériorité du corps et l'endroit où sa sexualité la met en position de récepteur. Lorsqu'on la dit plus intuitive, plus sentimentale, apparemment plus futile ou plus hystérique que lui, est-ce d'autre chose que l'on parle ?

Ces positions d'émetteur et de récepteur sont à la base de l'érotique amoureuse. Lorsqu'une femme veut séduire, elle se garde de le faire sur un mode qui est celui du masculin. Elle ne cherche pas à tenir un discours brillant ou à étaler un quelconque savoir. Elle s'arrange pour être en position de faire fonctionner ses oreilles. Elle laisse à l'homme le privilège des mots et des belles idées.

Ouvertes en permanence sur l'extérieur, les oreilles sont féminines. A l'inverse, la parole est émise. Elle véhicule la même magie que l'érection. Comme elle, elle promet un agrandissement du monde. Dans l'érotisme, elle est ainsi ressentie comme un équivalent phallique. Lorsque la femme lui laisse le privilège de l'émission des mots, l'homme peut croire que c'est lui qui la séduit. Aveugle sur l'activité qu'elle a déployée pour le conduire sur le terrain dont il parle si bien, l'homme, en parlant, investit un mode d'initiative propre à son sexe. Ce n'est pas moins l'activité féminine de sa partenaire qui est responsable du plaisir qu'il prend à sa propre activité verbale. Et n'est-ce pas, d'ailleurs, déjà là le début d'un coït ?

Ouvrant ses oreilles, la femme reste dans la continuité de sa structure œdipienne car, s'il parle si bien du terrain où, habilement, elle l'a conduit, c'est qu'il peut rendre compte de toutes sortes d'aventures qui précèdent sa rencontre avec elle. C'est pourquoi, même lorsqu'elle a des enfants avec lui, il est rare qu'elle lui reproche vraiment sa polygamie.

Le cas de figure le plus commun est ici celui où Madame consulte parce que Monsieur a attrapé le démon de midi. Elle arrive en larmes. Elle se sait hystérique mais en prend l'analyste à témoin. N'est-ce pas normal d'être dans cet état avec ce qui lui arrive ? « Vous rendez-vous compte, dit-elle, elle a l'âge de notre fille !... Si au moins il avait choisi quelqu'un de mon âge ! — Non, ponctue l'analyste, c'est justement du fait qu'elle ait l'âge de votre fille que vous venez me parler. »

En réponse, la voilà, elle, identifiée à sa fille, qui se rappelle toute la série des gamineries qu'elle a mises en scène, à l'adolescence, pour exciter son père. Elle ne sait même pas comment il est arrivé à lui résister. Elle a sorti son mouchoir et elle y pense avec un certain sourire. C'est alors qu'elle se rappelle qu'elle est mère. Absorbée dans ses pensées, elle se tait et devient sombre. Un rayon de sourire interne la ramène vers la parole. « Evidemment, dit-elle, je préfère le voir coucher avec celle-là plutôt qu'avec sa fille. » Voilà qui la fait franchement rire. Mais, ayant séché ses larmes, elle ne sait plus ce qu'elle fait là. Elle se trouve un peu futile d'avoir dérangé un analyste pour si peu. Elle aurait mieux fait de prendre rendez-vous avec son coiffeur ou d'aller s'acheter quelques robes. Elle lui parle longuement de Mme Dolto pour lui signaler qu'elle a le plus grand respect pour les gens de sa profession, mais, quant à elle, elle sait maintenant ce qui lui reste à faire. Elle paie et elle s'en va.

Où part-elle ? Très probablement chez son coiffeur, car l'analyste ne la reverra jamais. Il a tout de même appris, avec elle, que son métier n'est pas, certaines fois, sans rapport avec celui des agences matrimoniales.

VI

ADOLESCENCE ET LIBERTÉ SEXUELLE

Le meurtre imaginaire des parents et l'entrée dans la vie active

Nombreux sont ceux qui racontent que la sexualité, mais surtout les questions qu'elle sous-tend, leur est tombée dessus à l'adolescence, comme une sorte de foudre à laquelle ils ne s'attendaient pas le moins du monde. La sexualité humaine a cela d'étrange : extrêmement présente chez l'enfant de moins de huit ans, les questions qu'elle pose sont ensuite oubliées jusqu'à l'adolescence qui les retrouve telles qu'elles ont été laissées en plan au sortir de la petite enfance. C'est ce qui fait de l'adolescence un moment de grande fragilité. Le temps du réveil de la sexualité est aussi celui de la délinquance, des épisodes délirants et des premières dépressions dues aux chagrins d'amour qui, dans le temps, conduisaient les jeunes filles au couvent et les garçons à s'enrôler sous les drapeaux.

Nous verrons plus en détail, à propos des difficultés inhérentes à la génitalité, en quoi le psychisme humain, et plus particulièrement la sexualité, est architecturé par deux mouvements d'expansion, deux vectorisations premières et antinomiques : l'*horizontalité* et la *verticalité* psychiques. L'expansion horizontale de la sexualité correspond à la constitution de sa propre génération. Elle réfère le sexe au plaisir, à sa fratrie et à ceux de sa classe d'âge. L'expansion verticale l'inscrit dans la succession des générations. Elle le réfère à la reproduction, à ses parents, à l'ascendance et à la descendance. *L'adolescence est une période où se construit l'horizontalité sexuelle, le rapport au plaisir et à l'espace de sa propre génération.* La sexualité ne peut, d'entrée de jeu, être envisagée dans sa dimension procréatrice. Avant de pouvoir considérer le sexe comme un outil de reproduction, il est nécessaire de le découvrir comme un outil de plaisir et de communication. Or cette découverte ne peut se faire dans le rapport aux parents. Avant de voir comment la bande d'adolescents entreprend la constitution d'un nouvel espace, celui de sa propre génération, voyons la difficulté que l'on peut rencontrer à cette période de la vie pour assumer la nouveauté de son désir.

C'est en écoutant les adolescents que l'on comprend le mieux de quelle façon la jouissance génitale peut faire peur. User de son sexe, c'est non seulement pouvoir se reconnaître seul maître de son désir, mais c'est aussi assumer ou non un pouvoir, vécu comme plus ou moins dangereux, celui par lequel se perpétue la vie. Pour se reconnaître seul responsable de l'accomplissement de son désir, il faut tout d'abord se défaire de sa peau d'enfant. Pour cela l'enfant doit être en mesure de tuer imaginairement ses parents, de les faire choir de la place où ils ont été les maîtres du désir. Voilà la première difficulté que rencontrent les adolescents. « Assurer », comme ils disent, et entrer dans la vie active réclame d'avoir pu épuiser toute demande à l'endroit de ses parents.

L'adolescence est, sous cet angle, la dernière étape d'une longue naissance au sortir de laquelle l'homme est censé être en mesure d'assumer seul sa vie. Il n'est pas étonnant que cette ultime naissance puisse être aussi bouleversante et riche que douloureuse, tant pour les parents que pour l'adolescent. Pouvoir regarder ses parents comme de simples mortels n'a en effet rien d'évident. Or, le premier travail de l'adolescent consiste justement à les rejeter dans leur rôle et leur fonction, afin de se défaire de l'endroit où, jusqu'alors, ils ont pensé pour lui. L'adolescence est du même coup, très souvent, une période de crise qui voit l'être submergé par des fantasmes de mort pour ceux qui lui sont le plus chers.

Le rapport aux parents est ainsi, à cet âge, toujours problématique. Pour pouvoir entrer dans la vie active, l'adolescent a besoin d'aide. Il n'a encore aucune relation établie. Ses parents sont généralement les seuls à pouvoir l'aider, mais sitôt qu'ils le font, voilà du même coup qu'ils l'encombrent, puisqu'ils le privent de pouvoir se défaire d'eux. Pour sortir de ce cercle vicieux, les adolescents peuvent avoir besoin de consulter un psychanalyste. Les psychanalystes s'adressent d'ailleurs souvent à eux, dans leurs œuvres testamentaires. C'est le cas de Donald Winnicott qui leur a consacré le dernier chapitre du dernier de ses livres. C'est celui de Françoise Dolto qui laisse parmi ses derniers ouvrages *La Cause des adolescents.* L'adolescent retrouve en effet souvent la liberté de l'enfant, sa rapidité de clairvoyance, sa faculté à percevoir et verbaliser la vérité des choses. C'est probablement pourquoi les adolescents sont, comme les enfants de moins de sept ans, les seuls, parmi nos clients, qui soient capables de nous utiliser avec beaucoup d'efficacité, sans pour autant s'éterniser chez nous.

La virginité de l'adolescent peut s'accompagner de facultés télépathiques de toutes sortes. C'est là quelque chose de connu. Dans l'Eglise catholique, la pureté virginale des jeunes adolescents leur octroie la fonction d'enfants de chœur. D'une façon homologue, les prêtres taoïstes les utilisaient pour leur faculté médiumnique, dans les rituels d'exorcisme et de soin des familles. C'était par leur intermédiaire que le prêtre communiquait avec les divinités et les âmes des défunts. Or, dans la mesure où elle n'est plus guère reconnue, cette clairvoyance de l'adolescence peut aussi être vécue comme tout à fait encombrante.

Un jeune garçon qui n'avait pas encore quinze ans avait demandé à me voir pour me parler de ses rêves. Il pensait ne faire que des rêves de prémonition. Il m'en raconta un certain nombre et, en effet, toutes sortes de choses dont il avait rêvé s'étaient réalisées. Récemment — c'était ça qui le préoccupait — il avait rêvé que son père roulait sur l'autoroute d'Orly et qu'un terrible accident mettait fin à ses jours. Ce rêve l'avait énormément angoissé. Il n'avait jamais parlé à personne de ses rêves de prémonition et il avait tremblé d'effroi pendant plusieurs jours, terrorisé à l'idée que son rêve se réalise. Or, voilà qu'un soir son père rentre épuisé et furieux. Il avait perdu la moitié de sa journée à aller réceptionner un client à l'aéroport d'Orly. « Vous voyez, ajouta le fils à mon intention, je ne rêve que de choses qui se réalisent. » Je ne comprenais pas ce qu'il essayait de me dire. « Mais votre père n'est pas mort ! — Bien sûr que non, ajouta-t-il avec un grand sourire, c'est justement ce que je ne comprends pas. »

Je le questionnai plus longuement sur lui et sa famille. Il idéalisait toujours très fortement son père comme le font les enfants. Je pouvais donc lui expliquer qu'à mon avis, son rêve parlait du bouleversement qu'il ressentait à l'idée de devenir un adulte. Pour cela, il lui fallait se défaire de la façon dont il investissait la vie, encore beaucoup plus à travers son père qu'à travers lui-même. Rêver de la mort de ses parents n'implique pas qu'on leur veuille du mal. Cela signale tout simplement qu'il est nécessaire de les perdre pour pouvoir naître à l'âge adulte.

Contrairement à ce que laisse entendre Freud, *lorsque les fantasmes de mort concernent le père, cela ne rend pas compte de questions sur la sexualité mais de questions sur la mort.* En fantasmant la mort de son père, l'enfant ne cherche ni à l'éliminer ni à prendre sa place. Il essaie de se situer lui-même dans la succession des générations. Les fantasmes qui concernent la mort des parents permettent ainsi avant toute chose de penser à la sienne. En identification à eux, ils supportent la conscience du lieu où aboutit le projet de toute vie.

Comme c'est très fréquent lorsqu'on consulte un psychanalyste à cet âge, ce n'était pas, pour cet adolescent, l'intégration de la sexualité qui avait été en défaut, à l'âge œdipien, mais son pendant : les pensées sur la mort. En actualisant la sexualité, la montée hormonale de l'adolescence réactualise aussi les questions de la vie et de la mort. Le sexe y redevient aussi prégnant et incontournable qu'à l'âge œdipien, si ce n'est que la sexualité ne se présente plus seulement comme une chose à comprendre et à penser. Elle se présente avec la nouveauté de ce qu'il faut dorénavant savoir vivre dans la « charnalité » de son corps. Or, assumer sa sexualité, c'est assumer la vie, mais au regard de la mort.

Dans l'enfance, au moment où se constituent les fantasmes sexuels, la sexualité est avant tout une activité platonique. Les sentiments et la tendresse priment sur les actes charnels. L'âge adulte doit assumer l'inverse, en permettant aux fantasmes, qui invitent à vivre sa sexualité, de ne pas se déconnecter des sentiments. N'ayant ni règles ni pollutions nocturnes, l'enfant est en quelque sorte immortel dans la biologie de son corps. Il l'est en tout cas dans sa façon d'être. La mort est pour lui une chose abstraite dont il ne peut percevoir la gravité qu'à travers la peur qu'elle provoque chez l'adulte. L'effroi qu'elle soulève est avant tout une affaire d'héritage, car le rapport à la mort se structure, comme la sexualité, à la période œdipienne.

Dans la platonicité de sa sexualité, l'enfant a une tendance certaine à se vivre comme immortel. La venue de la première pollution nocturne ou des premières règles bouleverse considérablement cet ordre de choses. Qu'on en ait été informé ou pas, que les parents aient permis ou interdit de penser à la sexualité, c'est de toute façon le corps qui signale ainsi sa future et lointaine disparition. Concomitamment, les fantasmes sexuels se manifestent en mettant l'accent sur la charnalité des orifices sexuels. L'adolescent se retrouve ainsi en demeure de se penser mortel, dans le même mouvement où il lui faut se défaire de ses parents et entrer dans la vie active. Il est donc fréquent que les adolescents éprouvent plus le besoin de parler de leurs fantasmes de mort que de leurs fantasmes sexuels.

Les fantasmes de mort qui, à cet âge, assaillent l'être peuvent, la plupart du temps, se ramener à la même question : la difficulté de naître à soi-même par résistance à se défaire de ceux qu'on a jusqu'alors le plus aimés. Tuer, même imaginairement, ceux à qui l'on doit la vie n'est pas une mince entreprise. Submergé par ces fantasmes de mort qu'il ne comprend pas, l'adolescent peut, au lieu de les exprimer, les retourner sur lui-même. Il protège ainsi ses parents mais c'est alors qu'il se met à aller mal, car il est entravé dans l'accomplissement de son propre destin.

Charles ou la découverte de son propre désir

Charles avait quinze ans. Ses parents l'avaient prénommé ainsi en hommage à la mémoire du général de Gaulle. Il était le troisième d'une fratrie de garçons. Ses deux frères aînés poursuivaient brillamment des études supérieures. Lui-même était encore au lycée et désespérait ses parents par la nullité de ses résultats scolaires. Honteux d'être moins brillant que ses frères et fortement déprimé de ne pas pouvoir, comme eux, satisfaire ses parents, Charles voyait les deux années de lycée qu'il lui restait à faire comme le plus horrible des calvaires. Il devenait amorphe, perdait tout désir et, du même coup, tout goût pour la vie. C'est alors qu'un ami de la famille lui conseilla de voir un psychanalyste et en parla à son père. Charles prit ainsi rendez-vous avec moi.

A notre premier entretien, il se présenta comme démuni de toute vitalité. Les épaules rentrées vers l'abdomen et les lèvres pendantes, il parlait à voix basse, de façon presque inaudible. Rien ne semblait l'avoir jamais intéressé, ni les études ni les filles ni les nombreuses activités que lui avaient proposées ses parents, ni même la nourriture qu'il n'avalait que pour leur faire plaisir. Au lycée, il était un cancre. Par ses maladresses, il s'était mis à dos la moitié de ses professeurs. Ne comprenant pas pourquoi il provoquait une telle agressivité, il n'avait trouvé d'autre solution que de se retrancher en lui-même, mais c'était, là aussi, un endroit où il s'ennuyait à mourir.

Il énonçait tout cela d'une voix monocorde, comme si ce qu'il disait ne le concernait pas. Tout lui paraissait aussi vain qu'illusoire. Il n'avait d'ailleurs jamais compris l'intérêt que pouvaient trouver les autres humains à toujours s'activer. N'y avait-il vraiment rien sur terre qui puisse l'intéresser ? Si, l'acrobatie. Le gymnase était le seul endroit où il se sentait vivre. Il y passait deux soirées par semaine, ainsi que les week-ends où ses études le laissaient libre.

Enfant, il voulait être acrobate. Plus tard, il avait voulu faire l'école du cirque, mais son père s'y était opposé en avançant que ce n'était pas avec des gamineries qu'on construisait une vie d'homme. Désirait-il toujours être acrobate ? Certainement, mais maintenant c'était trop tard. Il lui fallait devenir ingénieur ou avocat, comme l'un de ses deux frères.

Et que me demandait-il ? Il n'en avait pas la moindre idée. Ses yeux s'éclairèrent pourtant lorsqu'il me parla de l'ami de son père qui lui avait donné mes coordonnées. En bavardant avec lui, il avait compris que cet homme s'était, lui-même, défait d'une difficulté à vivre aussi tenace que la sienne. Il m'était donc d'autant plus facile de lui expliquer que la psychanalyse relève d'un paradoxe, puisqu'on y paie quelqu'un pour pouvoir y faire soi-même un travail sur sa propre personne. Il fallait donc qu'il trouve la possibilité de me payer lui-même, soit avec son argent de poche, soit par n'importe lequel des petits boulots que l'on peut faire à son âge. C'est ce qu'il fit et nous décidâmes de nous voir une fois par semaine.

Les trois premières semaines, il ne fit que ressasser, inlassablement et de la même voix monocorde, son impossibilité à désirer quoi que ce soit. Tout dialogue était devenu impossible avec son père. Ce dernier le faisait travailler tous les week-ends, afin qu'il ne soit pas mis à la porte du lycée. Face à lui, il ne pouvait que se bloquer dans un mutisme obstiné qui n'arrangeait rien à leurs rapports. A notre quatrième rendez-vous il m'annonça, toujours sur le même ton dénué de tout affect, qu'entre les deux séances il avait fait une tentative de suicide. Il avait essayé de s'injecter de l'air dans les veines, afin de mourir d'une paralysie du cerveau. Après s'être acharné une demi-heure sur son poignet, il y avait renoncé. Il me racontait cela d'une voix impersonnelle, comme s'il était étranger à son acte.

Avait-il déjà commis des actes semblables ? Oui, un soir, six mois auparavant, il avait avalé un demi-tube de somnifères, mais la dose avait été trop faible. Il s'était juste réveillé dans un état assez comateux, et avait fait croire à ses parents qu'il avait un début d'angine. Cette fois-ci, comme la dernière, il n'avait pas dit un mot à ses parents de ses impulsions suicidaires. Le choc aurait été trop violent pour sa mère. Quoi, en effet, de plus horrible pour une mère que de voir son enfant lui renvoyer que tout le travail accompli pour le mettre au monde a été parfaitement inutile ? Il était vital que je lui parle.

Je commençai par lui demander s'il ne me prenait pas pour une mère à protéger, puisqu'il ne m'avait jamais parlé auparavant de ses impulsions suicidaires. Il ouvrit de grands yeux étonnés. D'après lui, était-ce ou non un symptôme de ne pas pouvoir parler à ses parents lorsqu'on se sentait aussi mal ? Il continuait à écarquiller les yeux, incapable de répondre. Je lui expliquai donc que s'il ne pouvait parler à ses parents d'une chose aussi importante pour eux que sa vie, c'était parce qu'il était à un âge où, justement, il devait prendre possession de sa vie, et du même coup en déposséder ses parents. Il était visible à son expression qu'une chose aussi simple ne lui avait jamais été signalée. J'ajoutai qu'en essayant de s'injecter de l'air dans les veines, il ne risquait pas que de mourir. Il risquait aussi de se retrouver sur une chaise roulante, ce qui était le moyen le plus simple pour ne jamais quitter sa mère. Il était donc temps qu'il commence à me parler de son désir à lui et de comment il allait s'y prendre pour le réaliser.

Il essaya d'argumenter que c'était justement là où il était un incapable. Le week-end précédent l'en avait convaincu. Afin de lui faire préparer une interrogation écrite, son père avait consacré deux pleines journées à le faire travailler. Il suffisait d'apprendre un certain nombre de choses par cœur. Le dimanche soir, il avait cru qu'il avait enregistré ce qu'il devait savoir, mais le lundi, au moment de l'interrogation écrite, il avait tout oublié. Lui-même aurait bien voulu devenir ingénieur ou avocat, mais il fallait se rendre à l'évidence, il n'était qu'un bon à rien.

Je lui répondis que s'il m'avait dit qu'il voulait être médecin ou président de la République, j'aurais pu le croire. Mais ingénieur ou avocat, je ne le croyais pas. C'était là ce qu'avaient choisi ses frères. C'étaient donc leurs désirs à eux ou ceux de leur père, mais pas le sien. « Mais, moi-même, argumenta-t-il encore, je n'ai jamais eu d'autre désir que d'être acrobate. — Soit, lui dis-je, si tel est votre désir, débrouillez-vous pour me parler de comment vous allez le réaliser. »

Fort de m'avoir entendu dire qu'il était en droit d'assumer son propre désir, Charles commença à y penser sérieusement. Il voulait être acrobate et rien d'autre. Il lui fallait donc en assumer la décision. Il possédait déjà des relations assez solides dans les milieux de l'acrobatie et autres professions du cirque. Il se renseigna sur les cours qui s'offraient à lui et se donna un programme de formation où il envisageait de poursuivre ses études par correspondance. Pour cela, il lui fallait de l'argent. Mais, puisqu'il était capable de me payer, il se sentait aussi capable de se payer ses cours. Il se mit à travailler et à économiser, déclara à ses grands-parents, oncles et tantes qu'il préférait de la liquidité à des cadeaux, vendit quelques objets. Au bout de quelques mois, il avait économisé une somme dont il pouvait être fier. Il organisa alors son départ. Les vacances approchaient. Il avait trouvé à se faire embaucher dans un petit chapiteau qui partait en tournée pour l'été. Non pas comme acrobate, mais comme homme à tout faire. On ne pouvait pas le payer mais il serait nourri. Il pourrait ainsi se familiariser avec la vie du cirque et travailler son acrobatie. Le départ était fixé pour les premiers jours de juin. Il partirait alors en laissant une lettre à ses parents et ne les reverrait plus jamais. Il m'annonçait ainsi par la même occasion qu'à partir de cette date je ne le verrais plus moi-même.

J'avais déjà, à plusieurs reprises, essayé de l'engager à ouvrir le dialogue avec ses parents. C'était là quelque chose qui lui paraissait impossible. Charles pouvait commencer à prendre au sérieux son propre désir, mais affronter son père pour lui démontrer le bien-fondé de son point de vue était la chose qui lui faisait le plus peur.

Après qu'il m'eut annoncé son départ, je lui dis donc que son projet me paraissait cohérent, mais qu'il restait encore un détail qu'il avait à régler avant son départ. Il fallait qu'il me dise ce que j'aurais à répondre à son père lorsque, après son départ, celui-ci m'appellerait. Il savait que son père avait eu beaucoup de mal à admettre qu'un analyste puisse recevoir un adolescent sans éprouver le besoin de rencontrer ses parents. Ce n'était que parce que son vieil ami répondait de moi qu'il avait fini par l'admettre. Si Charles disparaissait, je serais à coup sûr la première personne qu'il appellerait. Je pourrais alors essayer de lui expliquer que l'éthique de ma profession m'interdisait de répondre à ses questions, mais c'était là une situation aussi inconfortable pour lui que pour moi. C'est pourquoi je voulais savoir quelle était l'opinion de Charles sur ce que je devais dans ce cas lui répondre.

« Mais, rétorqua-t-il, je ne veux pas que mes parents

soient dans le coup. — Je sais, lui retournai-je, on ne paie pas un psychanalyste pour qu'il parle à votre place. On le paie pour apprendre soi-même à reconnaître l'importance de la parole, et c'est pour ça que je vous pose cette question. » Mes paroles semblaient l'avoir rendu pensif. C'était l'heure de nous séparer.

Il arriva à la séance suivante complètement transformé. C'était assez spectaculaire. Il semblait avoir dix centimètres de plus. Ses épaules s'étaient redressées vers l'arrière. Sa nuque s'était verticalisée. Pour la première fois depuis le début de nos entretiens, Charles me présentait un superbe corps d'athlète suspendu à un large sourire. Voilà, tout était résolu. Il s'était jeté à l'eau et avait parlé à son père. Il s'était dit qu'après ce qu'il me devait, il ne pouvait pas disparaître en me le mettant à dos. Il avait longuement ruminé le problème et était allé prendre avis du côté de l'ami de son père qui lui avait donné mon adresse. C'était ce qui lui avait donné la force d'affronter papa. Le père avait été fortement impressionné par la somme qu'avait accumulée le fils et le sérieux avec lequel il avait organisé son projet. Charles lui avait expliqué qu'en continuant ses études par correspondance, il pourrait toujours, dans le cas où il se serait trompé sur sa vocation d'acrobate, les reprendre par la suite. Son père avait donc accepté. Dès le lundi suivant, il arrêtait le lycée, commençait à travailler en gymnase et s'inscrivait à des cours par correspondance.

Je revis encore Charles trois ou quatre fois. Tout allait bien et il n'avait évidemment plus grand-chose à me dire. Mais comme il s'était engagé dans l'analyse sur le modèle du travail à long terme que lui avait présenté l'ami de son père, il continuait à venir. Or, un jour, il arriva avec une question qui le préoccupait. Comment se faisait-il que depuis qu'il suivait des cours par correspondance il pouvait se souvenir facilement de ce qu'il apprenait ? Du temps où il était au lycée, il passait des heures avec son père à apprendre ses leçons sans jamais arriver à rien enregistrer. Maintenant qu'il suivait des cours par correspondance, il les apprenait avec rapidité et il était le premier étonné de ne plus tout oublier aussi vite qu'il l'avait appris. Pouvais-je lui expliquer cela ?

Sa question résumait tellement bien les enjeux de son travail avec moi qu'elle me fit éclater de rire. Je lui dis qu'il était en train de prendre conscience de la force que représentait son propre désir. Il arrivait à apprendre car maintenant il s'agissait de son désir à lui, alors qu'auparavant il n'y arrivait pas car c'était le désir de son père.

A la séance suivante, il avait longuement médité sur cet extraordinaire phénomène où lui apparaissait le désir. Mais alors, maintenant qu'il avait pu en prendre conscience, fallait-il qu'il continue à me fréquenter ? Je lui dis que c'était à lui d'en décider. Avait-il le droit d'arrêter tout de suite ? Si tel était son désir, pourquoi pas ? Charles ne m'avait jamais parlé de sexualité. J'en profitai pour le lui faire remarquer, en ajoutant que maintenant qu'il savait ce qu'il voulait faire, cette question allait pouvoir se poser à lui. Il pourrait donc, s'il en avait besoin, reprendre contact avec moi quand il le voudrait. En rougissant, il bredouilla des remerciements.

La bande d'adolescents et la constitution de sa propre génération

L'adolescent a besoin de pouvoir être satisfait de lui-même avant d'oser s'engager dans la sexualité. Il voit son corps se transformer. C'est là une surprise dont il est généralement incapable de parler avec ceux qui ne sont pas de sa classe d'âge. L'expérience des plus vieux ne peut lui être d'aucune utilité, car il s'agit d'affronter lui-même et, avec ceux de sa génération, une nouvelle étape de sa vie. C'est pourquoi l'adolescence est avant tout l'époque de la bande, un moment où les activités du groupe que l'on forme avec ceux de son âge priment les désirs personnels.

Cette période qui voit l'être privilégier le groupe sur sa propre individualité est une étape nécessaire à la formation sexuelle et affective. L'adolescence n'est pas un temps qui voit l'accès direct et immédiat à la sexualité adulte. C'est l'ultime période formative de la sexualité, et si les adolescents peuvent apparaître particulièrement libres avec leur sexe, c'est avant tout parce que cela leur est profondément nécessaire pour éprouver la nouveauté de leur corps et des désirs qui s'y présentent.

Au tout début de la puberté, les bandes d'adolescents ignorent généralement la mixité. Cette période, qui précède l'entrée dans la sexualité proprement dite, correspond à un renforcement des images de son propre sexe. Elle remédie momentanément à la panique que provoque la montée hormonale, par un resserrement homosexuel des groupes : en bandes, filles et garçons s'opposent les uns aux autres. Le groupe a alors la fonction de forger les idées que l'on doit, dorénavant, se faire de son propre sexe, mais aussi les images qu'il s'agit d'en présenter au camp adverse.

A cet âge, ni les garçons ni les filles ne savent encore que faire de la nouveauté des désirs qu'ils ressentent dans leur corps. Bouleversés par l'idée toute nouvelle de pénétrer les filles, les garçons cachent leur timidité et leur peur en se serrant les coudes et en « roulant des mécaniques ». Ce n'est pas tant les actes sexuels avec les filles qui les préoccupent alors que ce qu'ils peuvent s'en dire entre eux. Il leur faut d'abord se donner une idée de ce qu'on fait avec une fille avant de pouvoir s'y risquer. De même pour les filles, bien que leur façon de glousser à la moindre apparition des garçons signale déjà qu'elles attendent d'eux qu'ils les forcent à s'éparpiller dans les fourrés où ils pourront les rejoindre.

Ce rire des filles à la petite adolescence est très particulier. Il signale l'ambivalence qui les saisit à l'idée qu'un homme puisse les pénétrer. On y entend simultanément une complicité qui, entre elles, les relie encore homosexuellement à leur mère et le désir tout nouveau qu'un homme les initie à une jouissance dont elles ignorent encore tout.

Du côté des garçons, les pulsions viriles se présentent comme un désir de pénétrer, de conquérir un corps de femme. La nouveauté de ces pulsions implique des fantasmes de puissance qui valorisent la verge. Or, pour pouvoir oser se risquer à un acte, il faut tout d'abord consolider ses fantasmes. C'est pourquoi les garçons éprouvent le besoin de se regrouper entre eux pour évoquer les exploits réels ou imaginaires auxquels les destine leur nouvel état.

Ces fantasmes de puissance sont nécessaires à la construction d'une peau d'homme. Ils permettent de se soustraire définitivement aux plaisirs qu'on a connus avec sa mère. Assumer l'initiative d'un coït équivaut en effet à déposséder sa mère du pouvoir qu'elle a eu jusqu'alors sur son corps d'enfant. Alors que les filles rêvent au prince charmant qui les éveillera à une autre sexualité que celle qu'elles ont connue avec leur mère, les garçons se voient aisément dans la peau d'un Superman qui n'a jamais eu besoin d'une mère pour bénéficier de son extraordinaire puissance. En bande, c'est ce qu'ils essaient de se laisser croire. Ils idéalisent les valeurs viriles et se détournent de tout ce qui risque d'évoquer leur mère.

Assez vite, la bande devient mixte. C'est l'époque des premières surprises-parties, des premiers flirts, de l'appréhension de son corps et de la découverte de ses effets sur l'autre sexe. A cet âge, l'adolescent continue à investir beaucoup plus le groupe où il s'insère que la solitude des rapports amoureux. La bande des copains est la seule chose qui semble compter pour lui. Ses parents ne le voient plus que pour les repas ou à l'heure de se coucher. Il peut même donner l'impression de les fuir. Il n'a en tout cas pour seuls désirs que ceux qui répondent aux idéaux de la bande. Tout ce que fait la bande est valorisé. Tout ce qu'elle rejette est jugé décadent ou démodé. Il adopte le style langagier et vestimentaire de la bande. Il se laisse pousser les cheveux, se les gomine ou les colore en fonction de la mode en cours parmi ceux de son âge. La création d'un style vestimentaire qui se démarque de celui des générations précédentes a pour but de rendre visible le passage vers l'âge adulte en affirmant qu'on se sépare des parents. De même pour les musiques et pour les danses. C'est ainsi que l'adolescent entreprend la création d'un nouvel espace, celui de sa propre génération.

Pour pouvoir naître à l'âge adulte, l'adolescent doit définitivement assumer la perte du corps maternel. Or, ceci ne va pas de soi. Se détourner de celle qui a jusqu'alors centré tous les processus affectifs de l'enfant ne peut se faire sans un support intermédiaire. C'est le rôle de la bande. De la même façon que la mère a jusqu'alors servi d'intermédiaire entre l'enfant et le monde, la bande est un corps annexe qui permet le passage vers l'âge adulte.

D'une façon générale, le groupe représente un corps agrandi aux dimensions de l'espace social. C'est ce qui s'entend, par exemple, lorsqu'on parle d'un corps d'armée. Il s'agit là d'un corps social que la pensée inconsciente assimile à un corps maternel ou paternel, mais avant tout capable de défendre sa propre intégrité. Le corps d'armée défend en effet les frontières de la terre natale ou de la mère patrie et le soldat s'y insère sur un mode qui évoque, dans l'inconscient, celui par lequel sa mère l'a porté, en elle, du temps de son immaturité. Le groupe d'adolescents se présente ainsi comme un corps annexe qui se substitue au rôle qu'ont joué les parents. C'est de cette façon qu'il préfigure l'insertion dans le social.

L'homosexualité et la rencontre virile

A l'adolescence, l'homosexualité doit non seulement être considérée comme normale, mais d'une certaine façon nécessaire. Une telle affirmation peut bien sûr paraître choquante. Dans notre culture, les institutions d'hommes comme l'Eglise et l'armée sont pourtant cimentées par une homosexualité plus ou moins inconsciente, mais d'autant plus forte qu'elle n'est pas reconnue. La dimension charnelle de l'homosexualité y est bannie car elle est une menace pour la tenue de ces institutions. Il n'en a pas toujours été ainsi dans les cultures et civilisations qui précèdent la nôtre. On sait que dans la Grèce antique, l'homosexualité était considérée comme un des arts les plus délicats parmi ceux de l'amour. Elle était aussi jugée nécessaire à l'épanouissement psychique des adolescents. Du point de vue de la psychanalyse, l'homosexualité ne doit de toute façon pas être considérée dans sa seule dimension charnelle. *Qu'elle soit platonique ou charnelle, c'est avant tout la dimension affective de l'homosexualité qui doit être considérée comme une étape nécessaire à la construction sexuelle de l'individu.*

A l'adolescence, il faut pouvoir appréhender le fonctionnement de son corps, reconnaître les particularités de ses goûts et de ses désirs, leurs rapports à l'autre et à la jouissance, afin de développer la faculté de communiquer avec son sexe. C'est pourquoi l'adolescence réclame une très grande liberté sexuelle.

Les adolescents ont en effet souvent besoin d'éprouver le fonctionnement de leur corps avec plusieurs partenaires. C'est ainsi qu'ils peuvent reconnaître les différences de ce qu'ils vivent et ressentent avec les uns et les autres et, du même coup, découvrir que la satisfaction sexuelle provient d'une qualité particulière de communication avec certains. S'ils éprouvent alors le besoin d'une expérience homosexuelle, cela ne veut pas dire qu'ils vont forcément s'y fixer. Certains en ont besoin, ne serait-ce que pour ne pas risquer d'être obsédés par une chose qui, interdite, génère en retour une fascination. Souvent ils éprouvent le besoin de ce type d'expérience pour pouvoir affirmer, à leurs propres yeux, qu'ils ne sont pas homosexuels, puisqu'ils n'y ont rien éprouvé de satisfaisant.

C'est surtout dans sa dimension affective et platonique que l'homosexualité est nécessaire à la construction de l'horizontalité sexuelle et au plaisir d'assumer son propre sexe. Le rapport à l'autre sexe met en jeu la complémentarité, mais ne permet pas de construire les valeurs de l'éthique qui sont celles du sien. Cette construction réclame une certaine homosexualité qui se retrouve à l'âge adulte dans l'amitié, les sports, les clubs ou toute autre activité dont sont exclues les femmes. La construction des valeurs viriles n'implique pas la complémentarité. Elle implique au contraire une rivalité avec ceux que l'on estime, que l'on respecte ou que l'on idéalise. L'homme a donc besoin d'entretenir des rapports affectifs avec ceux de son sexe. C'est le rôle que joue la bande au tout début de la puberté. Elle est nécessaire à la construction et au maintien des images que le garçon se donne de son sexe.

Or, la bande de copains peut par la suite refuser la mixité longtemps. A l'âge adulte, c'est une des caractéristiques du masculin. L'Eglise, l'armée, toutes les formes de congrégations et de clubs dont sont exclues les femmes ne sont que l'aboutissement de cette première organisation sociale qu'est la bande. Alors que la femme peut recréer la relation perdue au corps de sa mère dans le rapport à ses enfants, l'homme ne peut le faire. C'est pourquoi il crée des clubs, des Eglises ou des corps d'armée. S'il *bande,* il peut bien sûr recréer la mère mais, sitôt qu'il a éjaculé, voilà une opération dont son propre corps est exclu. La *bande* où il s'insère non seulement n'exclut pas l'activité de son corps, mais lui permet, en plus, de se reconnaître dans un corps social autrement plus puissant que sa seule personne.

L'homosexualité qui règne dans la bande des hommes est une homosexualité grégaire, une homosexualité de groupe, et en cela forcément platonique. Cette homosexualité qui cimente la bande des copains est très différente de celle des amitiés particulières. L'amitié particulière construit et assume la possibilité d'un rapport affectif intense qui se démarque de ceux qu'on a connus dans les relations familiales. Comme la bande, elle pallie l'angoisse et l'inconnu que représente l'autre sexe. Elle permet d'affronter la nouveauté du sien en miroir à un semblable qu'on idéalise et sur lequel on projette son propre devenir. L'homosexualité grégaire travaille beaucoup plus à l'insertion dans l'espace social que doit assumer chaque génération. Alors que l'amitié particulière peut être platonique ou charnelle, l'homosexualité grégaire exclut la dimension sexuée des relations corporelles qui remettraient en cause l'équilibre du groupe. L'homosexualité y est toutefois reconnue et assumée sous forme de plaisanteries et de boutades qui rendent compte de la façon dont le groupe veille à la virilité de chacun de ses membres.

C'est à ce niveau que le groupe prend le relais de la mère. Entre ses membres, la sexualité y est aussi fantastiquement présente qu'elle peut l'être dans le rapport à la mère, mais elle est aussi radicalement exclue qu'avec elle. Cela afin de ne pas remettre en cause aussi bien la tranquillité de l'amitié virile que la fonction maternante du groupe. Cette fonction maternante apparaît clairement sitôt qu'un membre du groupe « flanche », déprime ou se saoule. Les copains le prennent alors en charge sur un mode maternel, afin d'affirmer en chœur qu'on a passé l'âge où ce genre de problèmes nécessite la présence d'une mère.

La fonction maternante du groupe remédie aussi à la peur qui peut saisir le garçon face aux images qu'on lui propose de sa virilité. Ce sont principalement là les images guerrières, l'idée qu'il lui faut savoir se battre, porter un fusil et assumer en temps de guerre de tuer son semblable. Le groupe permet au garçon de se sentir plus fort et d'intimider les éventuels agresseurs. Avec les copains on peut apprendre à se battre sans risque. Au sein du groupe on peut s'avouer ses faiblesses et ses peurs, alors qu'à l'extérieur on cherche à présenter l'image d'un courage rompu à toute épreuve. Le garçon peut alors éprouver l'envie de mesurer sa propre force à celle d'un autre. L'éthique masculine est dans ce cas celle du combat singulier, de la rencontre virile, les copains n'étant là que pour garantir que le combat s'effectue à armes égales et sans traîtrise.

La virilité impliquant une rivalité pour pouvoir se construire, les images que s'en fait le garçon sont fortement liées à sa force combative et à sa capacité de vaincre un adversaire. C'est de plus ce que lui indiquent les multiples appellations qui assimilent son sexe à une arme guerrière. Sous son appellation de braquemart, le sexe masculin porte, par exemple, le nom d'une épée assez courte mais plus large qu'une autre. On lui attribue ainsi la fonction d'un objet usuel dans les combats aux XIVe et XVe siècles. La virilité se présente du même coup comme l'habilité à user d'un objet assez court mais puissant, afin de pénétrer l'ennemi dans ses retranchements les plus intimes et la tripaille de sa chair.

La rencontre virile n'est donc pas dépourvue de symbolique sexuelle. En situation homosexuelle, face à un braquemart adverse, ou quelqu'un de son sexe qu'il ressent d'une puissance corporelle et sexuelle supérieure à la sienne, le garçon a deux solutions : prendre la fuite ou assumer la rencontre. N'allons pas croire qu'il confonde le pénis de son semblable avec une arme qui, le mettant en danger, légitime sa peur. Porteur lui-même d'un pénis, il ne confond pas les fantasmes qui l'animent et l'objet qu'il porte entre les jambes. S'il assume la rencontre, c'est toutefois cette gamme de fantasmes qui détermine les modalités du plaisir et du déplaisir qu'il en attend.

Il peut bien sûr, pour l'occasion, avoir envie de connaître dans son propre corps un plaisir semblable à celui que procure, chez l'autre sexe, l'utilisation de son organe viril. N'ayant pas la possibilité de ressentir d'une autre façon le plaisir que donne à une femme la mise en acte de sa sexuation, il y a là un désir qui peut apparaître tout à fait légitime au garçon. S'il assume ce désir, il lui faut toutefois adopter une position féminine et renoncer momentanément à l'investissement de sa propre virilité.

Si, inversement, il n'y renonce pas, ce sont les scénarios de l'homosexualité guerrière qui soutiennent sa virilité. Le combat singulier, le duel, la joute guerrière donnent le modèle fantasmatique de la rencontre virile. Face à l'autre, il s'agit de défendre le territoire que représentent son corps, ses pensées ou ses idéaux comme une citadelle fortifiée. Investissant dans sa propre force la capacité de tenir son semblable à distance, le choix viril pare l'endroit où le braquemart de son adversaire pourrait pénétrer dans les retranchements les plus intimes et dévoiler du même coup une position féminine. Cela implique une certaine vigilance à l'endroit de ses sphincters qui sont au niveau des fantasmes les lieux par lesquels le corps est pénétrable.

Le territoire corporel et psychique relève d'une économie semblable à celle d'un pays. Dans l'économie globale de ce territoire, les sphincters et plus généralement les orifices sont les postes frontières qui assurent la gestion des entrées et des sorties. Les orifices de la perception filtrent les informations psychiques et affectives qui alimentent ou perturbent cette économie. L'œil est muni d'une porte qui se ferme à volonté. C'est la paupière. Les orifices comme la bouche et l'anus qui gèrent la circulation des liquides et des solides sont aussi pourvus de portes. Les sphincters en verrouillent l'accès. La rencontre virile réclame une tenue particulière de ces postes frontières que sont les orifices. En disant qu'on « voit rouge », qu'on « serre les fesses », qu'on « pisse de trouille » ou qu'on « chie dans son froc », c'est de cela que l'on parle.

VII

FÉMINITÉ DU GARÇON : LE SEXE ET LA GUERRE

La virilité et la mère

Freud ne dissociait guère le maternel du féminin. Il ne prétendait d'ailleurs pas avoir élucidé le mystère que représentait à ses yeux la sexualité féminine puisqu'il la considérait comme le « continent noir » de sa théorie. Sa conception du masculin ne pouvait du même coup être correctement articulée à l'autre sexe. Maternel et féminin polarisent, chez l'homme, des gammes fantasmatiques diamétralement opposées. Il est ainsi difficile d'aborder sa sexualité sans se demander pourquoi, dans ses fantasmes, la femme apparaît sous deux registres de représentations qui se tournent le dos. Il la voit mère ou il la voit amante, mais rarement les deux en même temps. Le féminin, la sorcière qui possède le pouvoir d'animer son membre ou la putain devenue maîtresse femme et pouvant l'initier aux arts érotiques, polarise son rapport à la jouissance. Le maternel polarise son rapport à la procréation et à la mort.

Accepter la paternité ne concerne plus l'endroit où la sexualité est gouvernée par la jouissance, mais celui où on en assume les conséquences. Au désir d'explorer tous les plaisirs de la vie et de créer, par le sexe, l'espace de sa propre génération, s'oppose alors celui de perpétuer la vie au-delà de sa propre présence. Le rapport au plaisir et la conscience de sa propre mort gouvernent ainsi les deux premières vectorisations du désir sexuel. Or ce sont là deux vectorisations antinomiques : même lorsqu'il est père, les images du féminin continuent à appeler l'homme à sa sexualité, alors que celles du maternel continuent à l'inhiber.

Dans sa vie fantasmatique, l'homme ne peut pas ne pas être dérangé par les visions de la mère. Aussi assuré soit-il de sa propre phallicité, il ne peut rivaliser avec l'érection, autrement plus puissante, du ventre qui enfante et relève, en miroir à son sexe, du mystère de la vie. Dans ses fantasmes, il ne peut tolérer les images du maternel qu'après avoir nommé son propre désir d'enfant. Or même dans ce cas, on l'a vu, il risque de se retrouver en impasse dans sa sexualité.

L'éjaculation est un petit accouchement dont la fonction première est de recréer la mère. Mais sitôt l'acte consommé, l'homme est renvoyé à l'inutilité de sa propre activité phallique. Le nouvel état de sa compagne n'en appelle plus à ses éjaculations comme à la principale extase de leur communauté. Il la voit vivre une autre extase, celle qui gouverne ses relations à son fœtus. Il peut alors éprouver une certaine difficulté à digérer la grossesse de sa femme.

Comme pour le montrer, certains prennent du poids, en rivalité avec le ventre qui les rend inutiles. D'autres s'activent exagérément dans leurs activités sociales. Ils arrivent épuisés au pied du lit conjugal, n'ayant toujours pas la garantie qu'ils ont accompli un travail aussi colossal que celui qui pointe dans le ventre de leur épouse. D'autres enfin s'abstiennent de tout rapport car ils fantasment leur sexe comme pouvant blesser le fœtus. Le désir d'enfant est certes partie prenante du désir masculin, mais il ne concerne pas tant le rapport de l'homme à la femme que celui qui le relie à son père, à ses ancêtres et à la réalité de la mort.

Dans les fantasmes et l'inconscient, la virilité se représente comme la capacité d'avoir quitté sa mère. C'est en cela qu'elle est étroitement liée aux images guerrières. Prendre le risque de mourir au combat est une des façons par lesquelles le garçon assure qu'il n'est plus dépendant de sa mère. Prenant ce risque, il la dépossède de la chose la plus précieuse qu'elle lui ait donnée, sa vie, et affirme que dorénavant il en dispose lui-même. C'est pourquoi celui qui revient des combats est auréolé par sa future épouse de toutes les images de la virilité.

Il est intolérable pour la femme que celui qu'elle aime n'arrive pas à quitter sa mère. Qu'elle ait eu des enfants de lui n'y change rien, car ce n'est pas en tant que mère qu'elle est atteinte. C'est en tant que femme. Si l'homme reste dépendant de sa mère, c'est qu'il n'a pas constitué un territoire proprement masculin. Elle ne peut plus idéaliser sa virilité et elle en souffre dans sa féminité. S'il est le père de ses enfants, elle en souffre doublement, car elle n'arrive plus à le présenter comme un père idéalisable.

Telle qu'elle est conçue dans les fantasmes des deux sexes, la virilité se soutient de la constitution d'un territoire équivalent à la perte de la mère. Lorsqu'on dit que le service militaire fait du bien au garçon, on se réfère, consciemment ou inconsciemment, à la constitution de ce territoire proprement masculin. S'il est objecteur de conscience, il assume une autre forme de virilité qui garantit la même chose. Se battre pour ses idées, au prix de son confort ou de sa vie, est un garant de la virilité qui ne concerne pas la mère. Le masculin s'investit autant dans la capacité de constituer et de défendre un territoire matériel qu'un territoire psychique ou spirituel. C'est au nom de la même identité masculine que le prêtre et le soldat tournent tous deux radicalement le dos à la mère. Dans les deux cas, la virilité est conçue comme un abandon de la mère.

Prêtre ou soldat

Plus radical que le guerrier, le prêtre s'interdit de recréer la mère en renonçant à sa sexualité. Devenant père sans avoir eu d'enfants, il s'oppose à la mère en se présentant comme son complément. Le guerrier, à l'inverse, assume un rapport à la territorialité qui valorise sa phallicité. Il présentifie autrement la façon dont le masculin s'oppose au maternel pour pouvoir en être le complément.

Le prêtre renonce à la mère pour se consacrer à l'espace céleste, à l'immanence du père et au domaine de Dieu. Le soldat s'y oppose en participant de ce corps agrandi qu'est le corps d'armée. Il reste ainsi dans la continuité du mouvement par lequel l'adolescent investit la bande comme un substitut du corps maternel. Son activité corporelle tend à recréer une mère qui s'oppose à la sienne et délimite un territoire proprement masculin : c'est la mère patrie, la seule mère à laquelle le guerrier veut bien se référer.

Ne pouvant, contrairement à la femme, recréer, à partir de son corps et dans le rapport à l'enfant, l'espace perdu de la relation à sa mère, l'homme doit trouver un autre espace qu'elle, pour pouvoir investir ses identifications féminines et les métamorphoser dans un appareillage viril. Il redoute généralement au plus haut point de devoir découvrir dans un miroir, au-delà de son propre visage, celui d'une mère bien-aimée. Il a tendance à fuir toute identification corporelle à celle qui l'a porté. Si, gamin, on ne l'a pas empêché, comme Hercule Moineau, de pouvoir idéaliser le sexe de son père, il investit sa féminité d'enfant dans l'amour pour le père, dont il soutient alors, imaginairement, la puissance.

Telle est la base infantile qui permet, à l'âge adulte, d'investir la prêtrise ou les armes. Le prêtre soutient l'idéal qu'est pour l'enfant la sexualité de son père, en continuant de renoncer à la sienne. Cherchant dans les cieux ce qu'il n'a pas trouvé du côté de son père, il réinvestit sa féminité d'enfant dans le rapport à Dieu. Le soldat reste lui aussi en position féminine face au chef qui le dirige. Il perpétue ainsi un jeu d'enfant, celui où, bataillant avec ses copains, il soutenait l'idéalisation de son père. Enfant, il affirmait que son papa était le plus fort, car il était gendarme. Adulte, il continue à soutenir l'idéalisation de l'enfant pour le père en se donnant des chefs. L'homme se constitue ainsi un territoire proprement masculin, dans lequel la maintenance d'un lien homosexuel au père lui permet de transformer sa féminité d'enfant en un appareillage viril.

C'est pourquoi les images guerrières sont au fondement de l'érotisme viril et jouent un rôle important dans les fantasmes des deux sexes. Etre poursuivi par un homme adulte brandissant un puissant couteau est un rêve très fréquent chez l'enfant des deux sexes. C'est souvent un cauchemar qui revient de façon répétitive. En pleine nuit, l'enfant réveille tout le monde comme pour questionner ses parents. En effet, en racontant ses cauchemars, il attend que l'adulte l'informe des mystères de la vie, de la mort et du sexe. D'ailleurs, sitôt qu'on lui explique la symbolique sexuelle de son rêve, il arrête de réveiller ses parents et reprend assez tranquillement le chemin de ses scénarios œdipiens.

A l'âge adulte, la nudité phallique et pénétrante du guerrier n'est plus aussi mystérieuse que dans les rêves d'enfant. Elle n'est pas moins dotée dans les fantasmes d'une forte charge érotique. Les ébats sexuels peuvent certaines fois laisser entrevoir toute une panoplie de représentations militaires, et la brutalité du territoire guerrier y prend alors de délicieuses saveurs. Pourquoi ? Parce que *le territoire guerrier est conçu par la pensée fantasmatique comme un des rares territoires d'où la mère soit radicalement exclue.* De tout temps, les armes de toutes sortes ont servi à évoquer le pénis. Tous les traités d'érotique amoureuse font un abondant usage des images guerrières car, pour les deux partenaires du débat érotique, la fantasmagorie guerrière exclut toute présence de la mère.

Ancrées dans les fantasmes des deux sexes, les images guerrières correspondent toutefois à des catégories érotiques propres à l'homme. L'identité guerrière a pour lui un répondant sexuel, dans la mesure où elle rend compte de ce qui lui apparaît assez mystérieux dans sa propre construction sexuelle.

Sorcière ou putain

S'il considère sa propre évolution, l'homme ne sait généralement pas comment il est passé de la position féminine de l'enfant à celle, virile, de l'homme adulte. Contrairement à la femme, il ne peut repérer, dans sa sexualité, aucune continuité qui lui permette de succéder à sa mère. Il peut tout au plus succéder à son père. Mais, à la différence de ce qu'il a connu bébé avec sa mère, il n'a eu avec lui aucun rapport charnel. S'il prend son père pour référent de sa construction sexuelle, il est confronté à un mystère, celui que représente la platonicité de l'amour paternel. Etre garçon lui interdit encore plus qu'à la fille de se fantasmer dans un rapport de corps avec son père. La métamorphose qui l'a fait passer d'une féminité infantile à l'état d'adulte sexuellement appareillé reste ainsi pour lui toujours assez mystérieuse.

Ce mystère est conçu dans la culture judéo-chrétienne comme celui par lequel Dieu a pu créer Adam à son image. Aucun rapport de corps ne relie Adam et le Créateur. Prise en sa côte, Eve est dans un rapport de corps à Adam, mais lui-même ne peut l'être, dans le rapport à Dieu, puisque Dieu n'est pas censé avoir un corps. Tel est le mystère auquel la chrétienté a cherché à redonner consistance, en y substituant celui de la Sainte Trinité. L'égalité du Père du Fils et de ce qui les réunit — une homosexualité forcément platonique et représentable dans le Saint-Esprit — relève alors du mystère qu'est pour l'homme sa propre maturation sexuelle. Semblable au nœud borroméen [1] dans lequel Jacques Lacan voyait aboutir sa propre théorie, le mystère de la sexualité masculine est posé dans la pensée chrétienne comme l'invisible rouage faisant du Père, du Fils et du Saint-Esprit les trois premières faces du mystère divin.

L'énigme de sa propre maturation sexuelle, la métamorphose qui l'a fait passer d'une féminité infantile à la virilité adulte, est ainsi conçue par l'homme occidental comme celle d'une relation au père, d'autant plus homosexuelle que platonique et d'autant plus immatérielle que, à la différence de la fille, elle ne peut être triangulée, dans ses fantasmes, que par la relation au Verbe, à la parole ou au Saint-Esprit. C'est pourquoi, à la différence de ses ancêtres grecs et romains, l'homme chrétien est particulièrement vigilant sur la maintenance

1. Le nœud borroméen est formé de trois anneaux, dont la propriété est de laisser les deux autres détachés sitôt que l'on brise l'un des trois. Ce petit casse-tête mathématique a fortement marqué les dernières élaborations du patriarche français de la psychanalyse.

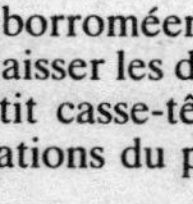

platonique de sa propre homosexualité. D'ailleurs, si l'Eglise catholique en est, peu à peu, venue à institutionnaliser l'abstinence sexuelle des prêtres, ce n'est pas tant pour les protéger de l'utérus que l'exorciste moyenâgeux considérait comme le lieu de séjour privilégié du démon, que pour les engager à une sexualité homosexuelle et platonique qui, vécue dans le rapport à Dieu, est un garant de la foi.

Même s'il ne se destine pas à être prêtre, l'homme considère plus ou moins consciemment l'amour pour le père comme le garant de son identité sexuelle. C'est d'ailleurs ce qui lui permet d'investir la procréation : le plaisir que lui apportent ses enfants provient de la retrouvaille d'une sexualité platonique, en continuité avec celle qu'il a connue avec son père. Cela n'empêche pas qu'il lui faut aussi répondre de l'expansion charnelle de sa sexualité. L'idylle de la mère et de l'enfant ne peut qu'inhiber le masculin puisque la phallicité y est hors de propos. La virilité n'en est que plus dépendante des images de la féminité au sein desquelles trônent la sorcière et la putain qui détiennent chacune à sa façon les clefs des royaumes du plaisir.

La putain est censée connaître toutes les techniques de l'extase amoureuse, mais, pour la rencontrer, il faut en passer soit par une mère supérieure, la mère maquerelle, soit par un fieffé bandit, le maquereau. Mal vue des autres femmes, elle ne dispense ses charmes que sous la gouverne de redoutables personnages. La sorcière est celle qui connaît la magie des philtres d'amour. On la représente aussi la nuit, à l'heure où les autres coïtent, à califourchon sur un balai. C'est là qu'apparaît ce que l'homme redoute chez la sorcière : dans ses envolées nocturnes, possède-t-elle, avec son balai, un membre plus puissant que le sien ? Ou serait-ce le sien auquel elle peut faire accomplir des prouesses dont il ignore tout ?

La sorcière et la putain sont ainsi les deux figures de la féminité face auxquelles le garçon a toutes les raisons de concevoir son sexe comme un outil assez rudimentaire. N'est-ce pas d'ailleurs des hommes qui ont brûlé les sorcières ? Et n'est-ce pas la putain qui leur a de tout temps servi d'exutoire à un rejet de la mère imprononçable dans une église ? S'il ne destine pas son sexe à la seule procréation, ce sont pourtant ces deux figures qui déterminent le masculin, le désir de goûter aux philtres ou de ne rien ignorer des techniques de l'extase amoureuse.

A l'adolescence, affronter la féminité et son pouvoir sur l'érection est la dernière étape de la formation sexuelle du garçon. Nous avons vu qu'il ne s'y risque qu'après avoir consolidé les images de sa virilité dans le rapport à ses copains. Lorsqu'il réfère sa sexualité au seul plaisir, et non pas à la reproduction, ce n'est jamais son père que le garçon prend pour confident. Il fortifie ses désirs avec ceux de sa classe d'âge. La bande de copains est alors partie prenante de sa construction sexuelle. S'inscrire dans une bande le protège autant de l'ensorceleuse qui pourrait lui faire perdre la tête que de la putain qui pourrait le séduire.

Face au pouvoir de celle qui anime son membre et pourrait le tenir sous sa dépendance, le garçon n'a, en dehors de Dieu, qu'un seul pouvoir à opposer : celui de la puissance phallique où il se voit guerrier. C'est en bande que le jeune homme affronte assez souvent la putain. Le bordel est alors le lieu d'une homosexualité phallique où, sur un mode guerrier, il s'agit avant tout de gratifier les prouesses de la virilité. C'est aussi en bande, et sur un modèle militaire, que le violeur vénère, d'une façon assez macabre, la puissance phallique de ses ancêtres. S'agit-il là d'autre chose que de faire payer à celle qu'il prend dans ses filets l'endroit où il en a vu d'autres avoir le pouvoir d'ensorceler son père ? Qu'il s'en prenne à la pute, à l'Arabe ou au pédé, c'est toujours une représentation féminine qui avive son sadisme. Ayant généralement vu sombrer son père dans les bras de l'ensorceleuse, c'est souvent un homme qui en veut à la femme de lui avoir pris son père. En bande, il oppose ainsi à la sorcière la puissance d'une homosexualité phallique qui lui donne à nouveau le droit de se choisir un chef.

Ne pouvant reconstruire la perte du corps de sa mère dans le rapport à l'enfant, l'homme contourne cette perte dans le rapport à la bande. Il n'en est pas pour autant, comme se le demandait Freud, un simple « animal de horde ». La bande ne produit pas que de la délinquance. A l'âge adulte, elle produit les clubs, les associations professionnelles, les partis politiques et avec eux toute l'organisation masculine de la gestion du pouvoir. Sous cet angle, les banquiers, les industriels et les hommes d'affaires sont les vrais guerriers des temps modernes.

A l'adolescence, dans la bande des garçons, la sexualité est aussi omniprésente qu'avec la mère mais, du même coup, posée comme forcément extérieure à la bande. Nous avons vu que l'homosexualité grégaire, qui donne sa cohésion au groupe, se substitue au rôle qu'a joué le corps de la mère. *La bande est, certes, à cet âge, un substitut du corps maternel, mais sitôt qu'elle se donne un chef ou prend corps dans un parti, elle devient, pour l'homme, un substitut du corps de son père.* C'est pourquoi il continue, à l'âge adulte, à soutenir son insertion dans un groupe. L'homosexualité platonique qui soude la bande des hommes est, pour lui, d'une grande réassurance car elle prend le relais de celle qui a régné entre lui et son père. Elle lui permet de réinvestir, dans l'expansion horizontale de sa vie, la tenue verticale des transmissions de père en fils qui, par l'intermédiaire du Saint-Esprit, les posent semblables l'un à l'autre.

L'homosexualité grégaire est ainsi à l'âge adulte la plate-forme de l'insertion sociale.

Le western et l'homosexualité du revolver

Ciment des Eglises et des armées, l'homosexualité grégaire n'est pas forcément une homosexualité phallique. L'homosexualité phallique est celle du western. Elle est le propre du guerrier. C'est une homosexualité qui, sur le mode de la rencontre virile et du combat singulier, fête l'endroit où les pulsions viriles se construisent dans la rivalité. Le « tendre ennemi » des combats érotiques n'a bien sûr pas place dans la joute virile. Le guerrier ne s'apitoie pas plus sur celui qui tombe au champ d'honneur que le financier ne verse de larmes sur le confrère qui fait banqueroute. Cela ne l'empêche pas d'honorer son ennemi, même après l'avoir tué.

Parmi tous les orifices du corps, le membre viril apparaît comme particulièrement inapte à s'emboîter avec son semblable. Dans les fantasmes, il ne peut donc fêter la rencontre avec son prochain que sur le mode de la sexualité inféconde de l'enfant qui joue au revolver : « Je te tue, tu tombes et on va bien se marrer. » Situant chez son adversaire le lieu d'où il espère avoir confirmation de sa propre force phallique, le guerrier installe, avec celui qu'il combat, une situation érotique médiatisée par la mort qui est au fondement de l'estime qu'il lui porte. Qu'ils servent chacun des étendards adverses ne les différencie pas dans leur nature propre. Bien au contraire, puisqu'ils assument, de la même façon, un destin masculin. Entre eux la mort n'a pas à poser problème. C'est la clef d'un jeu librement consenti. Que l'un des deux risque de disparaître ne peut alors que renforcer l'estime pour celui qui assume, jusqu'au bout, la conséquence de ses choix.

Affronter un être que l'on méprise, un inférieur ou un plus faible, n'a aucun intérêt dans la logique guerrière. Un tel acte ne réclame aucune qualité virile. Il est autrement plus valeureux — et du même coup plus jouissif — de se battre avec quelqu'un qu'on estime, dont on apprécie et redoute la force. La puissance de l'ennemi valorise la sienne, car c'est d'elle, en dernier ressort, que dépend la tenue de ses propres valeurs viriles. Le code de l'honneur soutient cette dimension de l'homosexualité phallique. Le duel et les idéologies du combat le valorisent, car l'honneur est, pour le guerrier, ce qui garantit la droiture de sa phallicité.

L'homme peut avoir peur de la sexualité, car il y voit un outil capable de le projeter au-delà de sa propre existence. L'extase érotique lui fait ressentir son être comme dégagé de toute attache à la gravité terrestre. Lorsqu'il éjacule, il voit son corps se projeter vers une vie qui, se détachant de lui, ne peut que lui parler de sa propre mort. S'il assume de procréer, c'est qu'il voit dans son sexe le seul outil en sa possession capable de contourner ou de transcender la mort.

Alors que la fille attribue à la sorcière et à l'utérus le pouvoir de transcender la mort, le garçon l'attribue à sa phallicité. C'est pourquoi il aime particulièrement jouer aux cow-boys et aux Indiens. « Tu me tues, je tombe et on va bien se marrer » est un jeu où le « bien se marrer » veut dire : jouer aux hommes et à connaître, par la mort, ce que l'utérus ne semble connaître que par la vie. Le prêtre et le soldat valorisent tous deux cet endroit où la phallicité adulte apparaît à l'enfant comme un outil qui permet de dépasser la question de la mort.

Le prêtre transcende sa sexualité dans le rapport à

Dieu. Il devient père sans avoir eu à en passer par une femme. C'est ce qui lui permet, en retour, d'être le garant de l'immortalité du père, du Dieu créateur dont il soutient l'immanence. Le soldat est aussi garant de l'immortalité du père. Il l'est en participant de ce corps agrandi qu'est la horde ou le corps d'armée. Dès qu'elle se donne une tête ou un chef, la horde devient pour lui un substitut du corps de son père. C'est dès lors l'immortalité du *Vaterland* allemand, du *père patrie* ou du roi dont sa mort est le garant.

On voit ainsi que le guerrier est loin d'être quelqu'un qui méprise la vie. Jouer sa phallicité au risque de la perdre est, pour lui comme pour le prêtre, la consécration d'un idéal d'immortalité. Pour tous deux, l'amour du garçon pour le père se retrouve dans la soutenance d'un père agrandi aux dimensions de l'âge adulte.

Le guerrier ne valorise pas la mort. Il l'assume dans sa fonction nécessaire. Il n'affronte la sienne que pour éviter à d'autres de devoir le faire. Le code de l'honneur garantit que l'on ne touchera pas aux femmes et aux enfants. Mais c'est pour lui, et pour lui seul, que le guerrier cultive la capacité de se défaire de la peur de la mort. Celle qu'il risque au combat perdrait tout sens si elle ne se soutenait d'un idéal de vie. Il l'affronte au nom d'un idéal de transcendance, celui qui, au niveau collectif, sacrifie sa vie à une cause supérieure et qui, au niveau individuel, associe la virilité à la capacité de vaincre la peur de la mort.

A une époque où le nucléaire remet en cause l'image traditionnelle du guerrier, la culture occidentale valorise d'autant l'homosexualité phallique. C'est elle qui est à la base du western comme du film noir. « On se tire dedans et on s'allonge » s'y soutient, comme dans l'enfance, d'un troisième terme : « ... et on va enfin savoir ce qu'il en est de Dieu ».

De tout temps, l'homme a éprouvé du plaisir à

affronter son semblable car c'est, dans ses structures fantasmatiques et imaginaires, l'enjeu d'un affrontement supérieur. La femme qui veut s'interposer entre deux hommes est toujours malvenue. Les hommes, eux, ne s'y trompent pas. Si deux amis en viennent aux mains, ils forment cercle pour saluer le combat.

Avant d'en arriver à l'unification de l'Europe, nous avons traversé des guerres religieuses et nationalistes aussi violentes que celles qui ensanglantent, de nos jours, le Proche-Orient. Celles qui, comme la guerre de Cent Ans, nous ont opposés aux Anglais ont imprimé sur notre folklore et nos habitudes langagières une marque tout à fait particulière dans sa tonalité sexuelle.

Contrairement à la France, la tradition anglo-saxonne n'exclut pas la femme de la transmission du pouvoir. En l'absence d'un garçon, la fille est destinée à régner. Le chauvinisme français apparaît, à ce niveau, dans les chansons de troupes qui, fêtant la boisson, les amoureux et le roi de France, invectivent violemment la reine d'Angleterre qui, comme dit la chanson, « [leur] a déclaré la guerre ». On entend ainsi la stupéfaction du soldat français face à un peuple qui se laisse gouverner par une femme.

En matière d'homosexualité guerrière, l'Angleterre semble l'un des plus vieux compagnons de la France, si l'on s'en tient à la symétrie des expressions que l'on se renvoie de chaque côté de la Manche. « Filer à l'anglaise » évoque la couardise qui, du point de vue du soldat français, serait celle des Anglais. *To take french leave,* s'éclipser à la française, donne, dans une symétrie parfaite, le point de vue anglais.

Le soldat est connu pour sa paillardise. Le dialogue sexuel entre les deux pays n'est pas dépourvu de piquant. Qualifiés de « capotes anglaises », les préservatifs sont en anglais des *french letters*. Les uns accusent leurs ennemis de se vêtir le sexe pour coïter. Les autres ricanent de l'inconséquence du camp adverse dans l'écriture de ses lettres d'amour. Associant l'organe masculin à un stylo privé d'encre ou de sperme, les *french letters,* on le sait, permettent d'utiliser le sexe comme une page destinée à rester blanche.

Le dialogue érotique entre les deux peuples ne perd rien de son mordant dans l'expression française « les Anglais ont débarqué » qui désigne la venue des règles. L'envahissement de l'ennemi anglo-saxon est associé aux structures étatiques qui le gouvernent. Le sang des combats que provoque le débarquement des soldats anglais sur les côtes françaises n'est pas donné comme garant de leur virilité. Il est à l'image de la femme qui les gouverne. En place des troupes guerrières, l'expression substitue la vision d'une reine que la virilité masculine et ses conséquences, la grossesse, ne retiennent pas au foyer. C'est le sang de ses menstrues et, à travers lui, celui d'une femme sexuellement insatisfaite qui envahit le territoire national.

L'uniforme dans les fantasmes féminins

Le désir d'exercer sa puissance sur le corps féminin en le fantasmant comme un territoire à conquérir particularise l'érotisme viril. Il est le propre des pulsions masculines et concerne tout homme. Mais il l'est indépendamment des images guerrières qui animent ou non ses fantasmes sexuels.

Les fantasmes ne présentent pas que des visions agréables. Ceux qui, chez l'homme, dialoguent le rapport au combat, au pouvoir, au meurtre ou à la guerre se structurent à l'âge œdipien. Les identifications guerrières du garçon dépendent de son père, de l'attitude consciente ou inconsciente qu'a adoptée ce dernier face à l'une ou l'autre des dernières guerres qui ont ensanglanté la planète. Elles peuvent aussi être gouvernées par la présence occulte d'un grand-père ou d'un ancêtre plus éloigné. Elles ne se construisent en tout cas pas dans le rapport au féminin. Comme tout ce qui concerne la mort, elles s'articulent à la verticalité ancestrale dont le garçon est héritier.

L'engagement politique, la militance ou le choix des armes se soutiennent ainsi d'une libido qui n'est pas dirigée vers l'autre sexe, mais qui a pour but de réparer ou de soutenir l'idéal qu'a représenté aux yeux de l'enfant la virilité du père. Il s'agit d'une libido dont les ressorts homosexuels se nouent dans l'ancestral et dans laquelle l'homme a du même coup souvent beaucoup de mal à se repérer lui-même. Comme Don Juan l'a montré, l'héritage ancestral peut être parasité par toutes sortes de fantômes. L'arrogance guerrière et la violence virile sont, encore beaucoup plus fréquemment que la sexualité, gouvernées par les fantômes des ancêtres. D'ailleurs, du point de vue masculin, cette agressivité ne concerne pas les femmes. Elle ne concerne que l'amour platonique, consciemment ou inconsciemment, qui relie l'homme à son père. Qu'il ait adopté l'uniforme ou refusé d'en assumer la charge, se prendre pour un guerrier n'a donc en soit rien de « bandant » pour un homme.

Autre chose est de répondre aux désirs de l'autre sexe en jouant de la prestance que confère l'uniforme. Mais c'est alors dans les fantasmes féminins que l'image du soldat est gage de virilité. L'homme, ne devant en répondre que par l'érection, ne peut guère y voir quelque chose de sérieux. S'y prêter ne le soulage pas moins de la solitude qui, dans ses propres fantasmes, réfère les images guerrières à l'homosexualité et à la mort.

Qu'il ait enduré la souffrance physique ou investi la gloire, ce qui arrête, en premier, la femme dans sa rencontre avec le soldat est qu'il ait pu vivre cette aventure sans elle. Comment a-t-il pu supporter l'abstinence sexuelle ? Voilà ce qui l'intrigue. Il s'est autorisé là quelque chose dont elle ne pouvait être. Le territoire qui est le sien l'exclut en tant que femme et excite d'autant sa convoitise. L'érotique qui en découle est celle de l'intimité des corps dévoilant, à travers les batailles, tous les paysages fantasmatiques qui lui auraient été, jusque-là, interdits en tant que femme. Elle pourra ainsi recevoir comme un don céleste les modalités les plus variées de la paillardise. Car, mises en relation avec l'abstinence sexuelle nécessaire au soldat, elle y trouve enfin une place qu'elle peut reconnaître comme sienne.

La beauté de l'uniforme peut, bien sûr, servir ses coquetteries à elle. Mais même dans ce cas, le code érotique n'y voit aucun inconvénient. A la multiplicité de ses toilettes répond l'unicité de l'uniforme. Et même si des hommes différents se succèdent sous le même uniforme, elle les apprécie chaque fois pour la même unité. Apprécié dans l'unicité de leur sexe, les hommes n'y trouvent, eux, généralement rien à y redire.

Les fantasmes sexuels qui auréolent le beau légionnaire le présentent dans l'aridité du désert. Ils évoquent la puissance et la vigueur des bêtes sauvages. On l'imagine ainsi, comme un fauve assoiffé de désir, et le port de l'uniforme redonne visage humain à cette fantasmagorie sauvage et animalière.

Le marin évoque d'autres paysages fantasmatiques. Les jeunes filles jouent à toucher son pompon. Elles fantasment sur la floraison rouge qui orne sa tête. Elles-mêmes n'établissent pas toujours le rapport entre ce jeu et la rougeur de la tumescence virile. Le langage le leur rappelle : « toucher le pompon », c'est décrocher le

gros lot. Dans les fantasmes féminins, le marin est ainsi prometteur de plaisirs aussi extrêmes que passagers. Son domaine est l'océan et on l'imagine facilement ne prenant pied sur terre que pour assouvir sa sexualité.

Le pompier est aussi fantasmé au regard de ses activités professionnelles et de leur valeur sportive. Toujours prêt à éteindre les incendies, on lui attribue la même promptitude à calmer le feu du désir. Le « pompier de service » se présente, dans les fantasmes féminins, comme celui qui est toujours prêt à mettre l'agilité de ses qualités professionnelles au service d'une dame. A l'inverse, « faire un pompier à un homme » donne l'image d'une promptitude féminine à calmer le feu de la verge.

Le flic et le gendarme sont des personnages apparemment moins auréolés d'érotisme. Ils apparaissent pourtant fréquemment dans les rêves des femmes. Dans ceux où elles se reprochent leur peu d'appétit sexuel, c'est le gendarme qui fait irruption pour leur rappeler la loi de la différence sexuelle et le droit où il est de les soumettre à son bâton. Les images du gendarme ou du flic apparaissent ainsi comme un support privilégié des fantasmes de viol. A la différence des autres uniformes, le gendarme était déjà présent dans l'enfance et le rapport aux parents. Il fait partie du guignol enfantin. Le beau légionnaire, les petits marins et le pompier de service sont des représentations propres à l'adolescence et à l'âge adulte. C'est ce qui les différencie du gendarme qui, aux yeux de l'enfant, représente une des dimensions les plus mystérieuses du masculin.

Dans l'enfance, la petite fille rêvait d'un bandit qui la poursuivait avec son grand couteau. Le regard sévère d'une mère adorée lui interdisait toute question sur la sexualité. Beaucoup plus tard, elle raconte à son analyste qu'elle n'a entr'aperçu qu'une seule fois le sexe de son père. Elle s'en souvient comme d'une vision d'horreur. Elle a maintenant une trentaine d'années. Elle souffre de frigidité vaginale et son mari s'en plaint. Elle est plutôt gauchiste dans ses options idéologiques. C'est alors qu'en rêve, un horrible CRS fracture, à coups de hache, la porte de sa chambre et la viole avec une étrange sauvagerie. Son mari est là, ébahi et complice, qui sourit au spectacle. Au réveil elle a une sensation d'horreur et de jouissance étroitement mêlées. Elle pense à la frigidité de sa mère. Quant à la sienne ? Son analyste n'en entendra bientôt plus parler.

Associé à la loi plutôt qu'au sexe, si le gendarme évoque le masculin, c'est avant tout celui du père. Il a ainsi, pour la femme, un attrait semblable à celui du juge ou du curé. L'érotique qui en découle est celle de la transgression incestueuse. Défaisant la raideur des costumes de la loi, elle y fait apparaître une virilité inattendue.

L'homme se prête volontiers à l'animation des fantasmes féminins concernant sa phallicité. S'il peut alors user de l'apparat militaire ou des artifices guerriers, c'est surtout pour rendre hommage aux représentations de l'autre sexe sur sa propre virilité.

Les jeux érotiques ne mettent en scène que des fantasmes. Ceux qui s'y adonnent ne cherchent pas à croire que le destin du guerrier puisse se jouer dans un lit. Au lit, la femme peut jouer à l'ennemi vaincu et lui au tyran militaire. Le jeu est une parodie. Cela fait partie des plaisirs que l'on y trouve. Dans le rôle du soldat conquis, la femme déjoue l'implacable logique du destin militaire. La soumission qu'elle parodie fait basculer dans le plaisir une scène qui, ailleurs, en appelle à la mort pour pouvoir se conclure, mais la logique d'une telle érotique s'articule à celle du maître et de l'esclave.

Le sadomasochisme et l'érotique du maître et de l'esclave

A une époque où les banquiers et les hommes d'affaires sont les nouveaux guerriers de notre temps, l'érotique sadomasochiste apparaît, de son côté, comme une érotique étonnamment commercialisable. Elle présente, à la devanture des sex-shops, tous les gadgets de la parade guerrière. Elle fleurit dans le cinéma bon marché, où la figure du SS est cadrée comme un modèle de virilité. Jouant de l'incapacité à digérer le sexe dans son rapport à la mort, elle étale une crudité qui n'est qu'une forme abâtardie de l'érotique du maître et de l'esclave. Les fantasmes qui alimentent alors l'érotisme prennent racine dans un passé assez lointain, puisqu'ils s'expliquent au regard d'une époque où les esclaves existaient réellement.

Dans l'Antiquité, les soldats vainqueurs adoptaient ceux qu'ils avaient vaincus, en en faisant leurs esclaves. Ils les intégraient à leur vie domestique, familiale et sexuelle. Le statut d'esclave était ainsi réservé à ceux qui, n'ayant pu vaincre la peur de la mort, se démettaient, pour continuer à vivre, de tout droit à leur virilité. Le guerrier n'ignorait rien du sort qui lui était réservé en cas de défaite. Devant la victoire de l'envahisseur espagnol, les soldats incas se jetèrent du haut de gigantesques falaises pendant que leurs épouses s'étranglaient avec leurs nattes. Assiégés par les Romains dans la forteresse de Massada, les guerriers hébreux en firent autant. « Vaincre ou mourir », l'idéal guerrier prétend à la capacité de ne pas laisser sa vie à l'ennemi. Du même coup, ceux qui devenaient esclaves étaient ceux qui, n'ayant pu vaincre la peur de mourir, renonçaient à cet idéal viril qui attribue à la phallicité le pouvoir de vaincre toute peur de la mort. Vis-à-vis du vainqueur, l'esclave était ainsi relégué dans une position féminine homologue de celle de l'épouse ou de l'enfant.

L'érotique du maître et de l'esclave est ainsi avant tout une érotique homosexuelle, où celui qui assume d'être l'esclave du guerrier adopte la position féminine et bissexuée de l'enfant. En fonction des désirs de son maître, il peut aussi bien servir sexuellement de femme qu'accepter que la sienne ne serve plus sa virilité défunte mais celle du maître qui dorénavant le gouverne. Il peut aussi être éduqué comme un enfant, afin de pouvoir accomplir ce que réclame son nouveau statut. Il est de toute façon en position d'enfant, puisque le guerrier lui a rendu la vie qu'il était en droit de lui prendre.

Dans la jouissance sexuelle et les fantasmes, l'érotique du maître et de l'esclave ne présente que la fin de l'histoire. Elle repousse au loin les visions sanglantes de la guerre, ne mettant en scène que le repos du guerrier. Baignée dans la volupté des musiques qui clament la victoire, elle vénère le triomphe de la phallicité sur la mort. Son paysage est celui où la puissance phallique côtoie la renaissance à la vie d'esclave. Elle associe la fête et le sexe au retour des puissances guerrières qui réintègrent le corps maternel et la douce patrie, en prenant virilement possession du corps de l'esclave. C'est une érotique qui génère du plaisir sexuel dans la mesure où elle installe l'organe masculin en position de souverain.

De quelque côté que l'on se place, la dualité du maître et de l'esclave n'est, dans l'érotisme, que prometteuse de plaisir, puisqu'elle ne privilégie qu'un seul décor : la victoire phallique. Qu'on se soumette au braquemart tyrannique du vainqueur ou que, à l'inverse, on vibre de la puissance que confère la possession du glaive, le jeu a pour visée de donner au membre viril la place d'une divinité redoutable et supérieure qui règne en maître sur le terrain.

L'homme et la femme n'y trouvent toutefois pas le même bénéfice. Pour elle, la position de l'ennemi vaincu lui permet de s'octroyer une place dans un territoire masculin, celui du soldat, dont elle est normalement exclue. Les bras du guerrier sont fantasmés comme une puissance supérieure à la mère. Se donnant au vainqueur, c'est sa mère qu'elle dépossède de son corps d'enfant.

S'autorisant à contempler sa propre puissance phallique, l'homme, de son côté, retrouve les idéalisations infantiles d'un sexe, revolver, missile ou transformeur qui, comme la lampe d'Aladin, lui donne le pouvoir de réaliser tous ses fantasmes. Mais si, au lit, il préfère la parodie militaire aux voyages spatiaux, c'est que cette parodie le soulage du poids d'une homosexualité phallique qui, le faisant homme, l'assigne à soutenir les emblèmes guerriers.

L'homme ne peut, pas plus que la femme, prendre pour vrais les fantasmes qui lui présentent son sexe comme une arme pouvant tuer. Il lui est pourtant plus difficile qu'à elle de se soustraire à cette fantasmagorie. Il lui faut soutenir l'image culturelle qu'on lui renvoie de sa virilité, quitte à aller en vérifier le bien-fondé sur un champ de bataille. L'identification au guerrier est redoutable, car elle ne renvoie qu'à l'homosexualité et à la mort. Comment, de plus, peut-il donner sens à ses identifications guerrières, dans une société où la technologie a transformé tout combat en vulgaire boucherie ? Admises ou rejetées, les identifications guerrières sont généralement, pour l'homme, d'un poids assez lourd à porter. S'il trouve au lit plaisir à jouer de la parodie militaire, ce n'est donc certes pas parce qu'il a la nostalgie des champs de bataille. C'est parce que l'érotisme déjoue ainsi la logique mortelle de l'homosexualité phallique, au profit d'un paysage qui ne rend pas la virilité aussi dangereuse.

Malléable comme un objet qui ne répond que de son propriétaire, l'esclave est d'ailleurs là pour en répondre. L'érotique du dominateur peut utiliser toutes sortes de gadgets comme le fouet, les liens ou le bâillon. Donnant à tous ces objets fétiches la fonction de préservatifs militaires, elle ne déploie une telle activité que pour mieux garantir que le paysage érotique ne présentera rien d'autre que le repos du guerrier.

Dominateur ou dominé jouent tous deux dans le registre où les fantasmes ne deviennent dangereux qu'à condition qu'on les prenne pour seule réalité. Adorant le braquemart qui prend possession de son corps, l'esclave se charge de redonner aux fantasmes leur fonction illusoire. Accordant à l'organe viril un pouvoir semblable à celui des gadgets qui parodient la torture, le féminin n'a qu'à user de ses charmes pour mettre en lumière que la puissance phallique du dominateur n'est pas plus dangereuse que le revolver en plastique qu'il brandissait dans l'enfance.

Donjuanisme et auto-érotisme

L'érotisme guerrier installe plus certainement la femme sur un territoire masculin qu'il n'assure l'homme de sa propre virilité. Pour lui, si les fantasmes où il se voit guerrier sont seuls capables de mobiliser son sexe, c'est qu'il lui faut exorciser, dans le libertinage, une dimension homosexuelle de sa sexualité. Mais, face à l'autre sexe, c'est le risque de se complaire dans une forme d'auto-érotisme phallique, où la vénération de l'érection risquera de masquer tout autre paysage.

Toutes les variantes du libertinage sont certes, pour l'homme, dans la continuité de sa structure œdipienne. Mais les fantasmes guerriers sont en continuité avec une construction homosexuelle de son sexe dont les mécanismes échappent généralement à sa conscience. Enfant, si son univers familial lui a interdit de se fantasmer dans un rapport sexuel à sa mère, cela ne l'a pas empêché de jouer au gendarme et au voleur et de mettre ainsi en scène, dans ses scénarios infantiles, une construction de son sexe qui ne réfère qu'à l'homosexualité et à la mort. A l'âge adulte, l'homosexualité et la mort sont de toute façon pour l'homme les représentants les plus énigmatiques de son identité sexuelle. Le libertinage repousse alors surtout la nature homosexuelle de ses fantasmes de mort. C'est sous cet angle qu'on considère généralement la sexualité du soldat, lorsqu'on tolère complaisamment sa paillardise.

La phallocratie repose sur une homosexualité d'autant plus forte que méconnue. Elle peut s'exprimer dans la passion des armes comme dans celle de l'autre sexe. Elle installe sa propre virilité comme un obélisque à partir duquel se mesure le territoire de ses conquêtes. Le don juan est souvent un homme qui souffre dans ses identifications guerrières. Il peut, comme nous l'avons vu, souffrir d'un père dramatiquement atteint dans sa phallicité. Mais, s'il souffre ainsi de son père, c'est surtout parce que ce dernier n'a pas pris la peine de le reconnaître comme un homme et l'a ainsi violenté dans sa féminité d'enfant.

Un autre de mes clients avait eu pour mère une femme grandement libertine. Intelligente, elle ne tolérait pas qu'un homme obtienne ses faveurs sans considérer qu'elle avait aussi un fils. Le gamin avait été couvert de cadeaux par un nombre impressionnant de « beaux-pères », tous fort connus dans le monde des arts, de la politique ou des affaires. Mais aucun d'eux ne l'avait regardé autrement que comme un petit caniche, dont il fallait satisfaire les caprices pour arriver à ses fins. Chaque fois qu'armé de sa féminité d'enfant il avait cherché, à travers l'un d'eux, un père un tant soit peu fiable, il s'était vu rejeté comme un animal encombrant. A l'âge adulte, sa fantasmagorie était tout animalière. Grand don Juan, il voyait les femmes comme de dangereuses lionnes qu'il s'exerçait à dresser ou de robustes juments qu'il chevauchait à la cravache. Répétant la façon dont les hommes l'avaient séduit et rejeté dans sa féminité d'enfant, sa seule passion sexuelle consistait à séduire toutes les Belles au Bois Dormant de la création, pour les rejeter violemment sitôt qu'elles ouvraient les yeux sur lui.

Pour l'homme, la jouissance libertine valorise surtout sa propre puissance phallique. Elle ne s'adresse et ne s'articule à la féminité que comme à un atout de sa propre virilité. Elle ne le met donc pas forcément au contact d'un territoire proprement féminin. N'en concluons pas que le don Juan n'aime pas les femmes. Il ne peut en apprécier une pour sa différence, car il redoute de retrouver, à travers ses émois à elle, l'horreur qu'a été pour lui la situation féminine de l'enfant.

L'homme ne peut s'attacher à une femme en particulier qu'à partir de sa propre féminité d'enfant. C'est parce qu'il est tout d'abord bissexué que l'être humain développe, à l'âge adulte, la capacité de comprendre le fonctionnement de l'autre sexe. Lorsqu'il est attiré par une femme, l'homme projette ou retrouve chez elle une partie manquante de son être : la féminité infantile que son identité mâle ne lui a pas permis de développer. S'il apprécie une certaine féminité, c'est qu'il y retrouve les qualités qu'enfant, il a lui-même attribuées au féminin, sans pouvoir en développer les charmes. Il retrouve ainsi chez la femme aimée la partie de lui-même qui ne pouvait combler son père. Encore faut-il que ce dernier ne l'ait pas violenté dans sa féminité d'enfant.

Le rapport de l'homme à la féminité dépend de la façon dont son propre père l'a lui-même considéré dans sa féminité d'enfant. La féminité du garçon correspond à un état de mutation qui prend le père pour modèle. Si ce dernier accepte qu'il en soit ainsi, le fils assume une féminité dont il se sépare à l'adolescence. Si, inversement, le père y voit un défaut de virilité, l'enfant en est blessé et ne peut du même coup que rejeter toute image de sa féminité. Le don Juan est souvent un homme qui, blessé dans sa féminité d'enfant, tend à se prouver le contraire. Cet auto-érotisme phallique n'exclut en effet de la femme que la possibilité de s'identifier à elle. Il survalorise le fonctionnement du pénis et peut s'y astreindre, comme le montre Fellini dans son *Casanova*, avec la mécanicité d'une arme ou d'une marionnette.

Don Juan comprend bien sûr les femmes, autrement il ne saurait pas les séduire. Mais s'il endosse les armes érotiques, c'est avant tout pour ne pas avoir à s'identifier à elles. Soldat du sexe, il vénère ses qualités viriles, mais il a peur de ne pas pouvoir les maintenir en vie sur n'importe quel champ de bataille. Embrochant l'interminable bataillon des tendres ennemies, il ne peut que les voir disparaître sitôt qu'il les a embrochées : confondant celle de son enfance et celle de la femme, la féminité doit automatiquement périr. Ce n'est donc pas en elle que don Juan s'investit, mais dans la seule vivance de son sexe. Voilà en quoi le donjuanisme s'apparente à l'érotisme guerrier. Il n'use pas du sexe pour exorciser le poids d'une homosexualité phallique qui associe l'identité masculine à la mort.

Il en use pour exorciser tout risque d'avoir à se retrouver dans une position féminine.

Fils de soldat, le don Juan de ce livre évitait autant de toucher à ses identifications féminines qu'à ses identifications guerrières. Il jouait abondamment des deux dans ses scénarios érotiques. Mais c'était uniquement pour répondre aux fantasmes de l'autre sexe ou « aux idées bizarres mais nécessaires » à l'une ou l'autre de ses conquêtes pour atteindre l'orgasme.

Bataillant avec des jupons, l'érotique donjuanesque se présente comme une bouffonne parodie du guerrier, car c'est une érotique qui s'applique surtout à repousser les fantasmes qui pourraient évoquer une construction homosexuelle de son sexe et un rapport au père qui n'a eu dans l'enfance ni mot ni visage : don Juan n'arrêtait pas de me dire qu'il n'avait jamais éprouvé la moindre pulsion homosexuelle. En revanche, il me fantasmait aisément comme un horrible castrateur. Dans son rapport à moi, il redoutait d'autant plus l'homosexualité phallique du guerrier qu'il ignorait tout d'une homosexualité platonique un tant soit peu structurante. Il donnait l'impression de n'avoir jamais rien attendu d'un autre homme. Il faisait étalage de ses qualités viriles. Il s'y accrochait comme à un étendard. Mais, en dehors du fait qu'il avait choisi un homme pour analyste, il ignorait tout d'un rapport premier à son père et de la construction homosexuelle de son sexe. C'est d'ailleurs ce qu'il a retrouvé dans sa relation à moi : le renvoi des images féminines entre lui et son père.

Ayant un père qui s'était vu condamné à la position féminine d'un homme asexué, pour don Juan, l'image d'un homme réduit à la féminité était, avant qu'il ne me rencontre, un point de focale fantasmatique susceptible de déclencher la plus vive angoisse. J'étais moi-même assis et tout ouvert par les oreilles. Cette position féminine du père freudien que je représentais contribua à faire surgir ses fantasmes sur mon incapacité à contenir ses terreurs incestueuses.

Brandissant l'horreur d'un désir sexuel pour sa mère, il s'agitait alors sur mon divan, comme un fœtus courant le risque de se liquéfier dans sa propre matrice et l'univers de ses fantasmes. Il lui était alors visiblement impossible de référer sa sexualité à celle d'un père.

L'impuissance de son père lui avait interdit de continuer à s'identifier à lui. A ce moment de son analyse, nous l'ignorions tous deux, mais à travers l'angoisse que je sois moi-même incapable de comprendre son problème, il était pourtant déjà en train de le retrouver. Projetant sur moi l'impuissance féminine d'un père châtré, il essayait de croire, avec horreur, que j'étais démuni de tout ressort phallique pouvant faire obstacle à la violence incestueuse de sa propre virilité. Méconnaissant le renvoi des images d'une féminité masculine entre lui et son père, il évitait d'avoir à questionner la construction homosexuelle de son sexe.

D'une façon ou d'une autre, le don Juan repousse ainsi du côté de l'enfer toute vision homosexuelle de la construction de son sexe. Il dévalorise les fantasmes guerriers car il n'y voit qu'une identité de carnaval. Mais, ne pouvant associer le sexe à la mort et à la reproduction, il redoute d'autant plus l'homosexualité phallique, car, comme dans la pièce de Molière ou l'opéra de Mozart, il n'attend, en fait, qu'une seule chose : l'arrivée du Commandeur.

VIII

L'ANUS, LA NÉVROSE ET L'INHIBITION VIRILE

Névrose et absence de désir

La névrose est un trouble de l'identité sexuelle. L'idée d'avoir à vivre sa sexualité s'y accompagne d'angoisses paralysantes, de culpabilité dévastatrice ou de toute autre forme d'inhibition à vivre. Le névrosé ne sait généralement pas quoi faire de sa souffrance, car il ne peut pas la localiser dans son corps. Il ne souffre en effet pas de son corps, mais d'une défaillance de l'appareil fantasmatique qui permet de vivre sa sexualité. Il ne peut voir son sexe comme le simple outil d'une communication qui affine, transcende ou surpasse l'usage des mots, car il est héritier de la façon dont ses parents y ont associé tous les maux de la terre. Confrontés à leurs désirs sexuels, les névrosés produisent toutes sortes de symptômes, aussi tenaces qu'étranges. Chez les hystériques, ce sont des paralysies mentales ou physiques qui suppriment tout état désirant. Dans l'obsession, l'obligation d'accomplir d'interminables rituels bouche tout accès à son propre désir. Telles sont les deux premières formes de la névrose avec lesquelles s'est révélée l'extraordinaire efficacité thérapeutique de la seule parole. La cure psychanalytique repose sur cet étonnant constat : *les symptômes névrotiques viennent en place de paroles sur le sexe qui n'arrivent pas à se dire et se dissolvent ainsi par l'usage des mots.*

L'hystérie et l'obsession sont l'apanage des deux sexes. Ce sont les deux premières formes de l'inhibition sexuelle ou les deux faces symptomatiques de la bissexualité humaine. Trouble de la mobilité féminine, l'hystérie est plus fréquente et plus démonstrative chez la femme. Trouble de la mobilité masculine, l'obsession est plus spectaculaire chez l'homme.

L'homme obsessionnel

De tous les troubles de l'identité masculine, la névrose obsessionnelle est l'un des plus surprenants, car c'est celui qui génère la plus étrange et la plus tenace immobilité. Cette névrose se caractérise, en premier, par l'incapacité d'atteindre son propre désir. Sitôt qu'une envie se présente à eux, les hommes obsessionnels s'inventent toutes sortes d'obligations ou de rituels qui les détournent de leur projet. Annulant toute possibilité de rencontrer l'inconnu, ils annihilent ainsi, en eux, toute agressivité phallique. S'ils fréquentent un psychanalyste, ils sont ponctuels comme des horloges. Ils n'arrivent jamais cinq minutes en avance ou en retard. Ils ne prennent jamais non plus le risque de manquer un seul rendez-vous. Ils ont tendance à utiliser l'analyste comme un « bon sein », mais ils le font avec une ponctualité militaire et la respectueuse distance que l'on doit à une divinité. Ils sont ainsi d'une immobilité stupéfiante.

Dans l'économie globale du corps, la bouche est la

frontière de l'interne. Elle gère les entrées matérielles, la nourriture et l'air, mais elle gère aussi toute la symbolique des entrées sexuelles et affectives. Le baiser résonne à l'entrejambe et préside au coït. L'anus est, lui, la frontière de l'externe. Il gouverne les sorties. Il est plus difficile de le concevoir comme un organe de la communication affective et sexuelle. Cela s'entend pourtant chaque fois que deux automobilistes se prennent à partie. A un « je t'encule » répond généralement un « je t'emmerde » ou vice versa. L'analité sert alors de support à une agressivité qui rejette. « Emmerder » ou « faire chier » quelqu'un, c'est envahir les frontières de son espace propre. Lorsqu'ils mettent en jeu l'anus, les fantasmes érotiques concernent ainsi les frontières psychiques de la personne. C'est ce qu'on entend lorsque deux adolescents rieurs disent d'un troisième : « Il est chié ce mec-là. »

A forte tonalité anale, l'éthique obsessionnelle est une éthique de frontières. L'homme obsessionnel élimine systématiquement tout désordre qui pourrait surgir dans sa relation à autrui. Toute idée sale ou encombrante doit être rejetée. Il ne prend jamais le risque d'empiéter, ne serait-ce qu'en pensée, sur le territoire de l'autre. Il exclut ainsi toute possibilité d'être fécondé par une pensée nouvelle. C'est ce qui le rend particulièrement stable mais aussi étrangement immobile. L'invisible frontière qu'il promène avec lui fait que les paroles qu'on lui adresse semblent ne jamais pouvoir l'atteindre.

Le traitement des obsessionnels est délicat. La question des excréments et de la propriété apparaît centrale dans leur discours. Elle empiète étrangement sur leur vie sexuelle. Le rapport à l'anus se met en place dans la relation à la mère. L'analité constitue alors les frontières psychiques du corps. Ce n'est donc pas en les référant à un père qu'on leur permet de comprendre leurs réactions outrancières à l'égard des excréments.

Freud raconte qu'un de ses clients obsessionnels ne pouvait le payer qu'avec des billets de banque soigneusement lavés et repassés. Cet homme n'aurait pu se permettre de régler quiconque avec « des billets sales, couverts de microbes des plus dangereux et pouvant être nuisibles à qui les toucherait [1] ». Sa sexualité consistait à masturber en cachette des jeunes filles de bonne famille. Il avait mis au point un ingénieux système pour pouvoir se retrouver au lit avec elles, mais il n'en gardait pas moins un farouche sens de la dignité et de la bienséance, qui lui interdisait, au-delà de ces jeux enfantins, de compromettre l'honneur des jeunes filles.

Mettant l'accent sur la dimension anale de ses fantasmes, Freud associa la masturbation de la jeune fille dont il lui parlait à l'étonnante propreté des billets avec lesquels il était payé. Il lui dit : « Mais ne croyez-vous pas lui nuire en touchant ses organes avec des mains sales [2] ? » L'homme en fut à ce point choqué qu'il rompit toute relation avec le professeur.

Il n'y a souvent rien de pire pour un client qu'une interprétation lui apparaissant à moitié vraie. Il est vrai que les billets que cet homme donnait à Freud devaient rester aussi immaculés que les jeunes filles dont il parlait. Mais en lui renvoyant ainsi sa question, Freud la resituait dans le rapport homosexuel au professeur ou au père qu'il était venu consulter. Or renvoyer, d'entrée de jeu, à un homme obsessionnel la question, impensable pour lui, de son homosexualité, c'est le confronter à la plus infranchissable des frontières. Les obsessionnels souffrent avant tout d'inhibition virile. Celui-ci consultait Freud car il souffrait surtout d'immobilisme dans

1. Sigmund Freud, *Cinq Psychanalyses,* Paris, PUF, 1954, p. 227.
2. *Id., Ibid.*

son rapport aux jeunes filles. Lui présenter le spectre de l'homosexualité ne pouvait que l'immobiliser doublement ou le faire fuir.

L'homosexualité est impensable pour un obsessionnel, car l'anus ne renvoie, pour lui, qu'à la mère. Ces hommes ont souvent eu des mères qui ont précocement pris possession de leur derrière. Qu'elles aient abusé des suppositoires ou des lavements, elles ont compensé l'interdit de tout contact avec le pénis de leurs fils par un intérêt tout maternel pour ses excréments. Si, à l'âge adulte, l'homme obsessionnel donne l'impression de serrer les fesses, c'est qu'il redoute de retrouver dans ses relations aux autres les secrets d'un érotisme anal qui était celui de sa mère.

En naissant, l'enfant n'a pas la maîtrise de son anus. Ses sphincters sont immatures. Il doit accomplir tout un travail de maturation physique et psychique, afin de pouvoir gérer lui-même la fermeture et l'ouverture de cet orifice. Avant qu'il n'en prenne lui-même possession, l'enfant vit son corps comme la propriété de la mère. La maîtrise de la propreté coïncide avec le moment où il peut danser sur la pointe de ses pieds. C'est le moment où il prend possession de son corps, mais il lui faut, pour cela, en déposséder sa mère. On le voit en observant les enfants dans n'importe quel square. A cet âge, sitôt que maman les appelle, ils n'ont qu'un seul plaisir : partir en courant.

Lorsque l'enfant en est là, si la mère continue à trop mettre le nez dans son derrière, elle l'inhibe dans toutes ses facultés motrices. Si elle décide, à sa place, des lavements qui lui sont nécessaires, elle lui interdit de prendre possession de cette partie de son corps. Dans ses fantasmes, l'enfant en conclut que son postérieur a pour rôle de donner du plaisir à la mère et, à l'âge adulte, tout ce qui rappellera l'anus aura une valeur incestueuse.

La jouissance et l'érotisme anaux vont ainsi de pair avec la motricité corporelle, le plaisir de posséder son propre corps ou celui de l'autre. C'est se sentir activement responsable de la mobilité animale du corps. Dans les fantasmes sexuels, c'est le plaisir de modeler, de fabriquer, de masser, de caresser, de conduire son partenaire ou de se faire conduire, sur le mode de l'attelage et de la chevauchée, qui donne au sexe sa pleine puissance animalière et terrestre.

Le blocage des pulsions anales s'exprime, à l'inverse, comme une incapacité à user de son corps. C'est ce qui frappe chez les obsessionnels. Le surgissement de leur propre désir crée chez eux une panique très particulière. La simple idée d'un rapport sexuel bouleverse leur immobilité. Ils usent alors de toutes sortes de rituels qui les immobilisent à nouveau et leur permettent de rester dans un état de permanente hésitation face à ce qu'ils désirent. En eux-mêmes, ils hésitent constamment entre deux choses sans pouvoir accomplir aucune des deux. « Ou bien, se disent-ils, j'appelle Martine... ou bien j'appelle Julie. » Ils y passent des heures, incapables de décrocher le téléphone.

Cette encombrante immobilité qui les conduit à tourner en rond vient de l'enfance. Lorsque leur mère ne les a pas précocement dépossédés de leur anus, à l'inverse, mais toujours en fonction d'elle, les cabinets ont été le seul lieu de solitude auquel ils avaient droit. Ce sont en tout cas des enfants qui ont été dépossédés de la possibilité de jouer. A l'âge où le gamin acquiert la maîtrise de ses sphincters, en partant sitôt que maman l'appelle, l'homme obsessionnel était, d'une façon ou d'une autre, un enfant tenu en laisse.

Le jeu est nécessaire au développement du corps et de l'esprit. Il concourt à la maîtrise de sa propre mobilité et prépare à celle dont on use dans l'érotisme. La mère de l'obsessionnel a généralement usé de son droit sur le corps de l'enfant pour lui interdire d'aller jouer un peu trop loin de ses jupes. Elle le justifie par une attention exagérée pour son transit intestinal. Cela peut lui être utile dans son économie à elle, pour éviter d'avoir à penser son rapport à un homme adulte. Comme la mère d'Hercule Moineau, elle s'occupe méticuleusement de son garçon, mais au lieu de se fixer sur son prépuce, elle se fixe sur son anus. Elle lui interdit de s'absenter ou de traîner dans la rue, d'avoir des amis ou de fréquenter des voyous : elle est responsable de sa santé.

Pour cela, elle a généralement abusé de la mort comme d'un maître autrement plus puissant que le père. Elle a bercé l'enfant avec une complainte qui lui montre, aux quatre coins de l'univers, le cadavre que peut devenir le corps, sevré de la bonté maternelle qui lui a donné vie. Elle lui a rebattu les oreilles avec la mort d'enfants qui le précèdent et dont elle n'a jamais pu porter le deuil. Ou alors, c'est celle d'hommes de sa famille, dont la disparition a définitivement entravé son espoir en l'amour. Ou encore, elle l'a pris pour seul confident de l'irrémédiable et terrible douleur où l'a plongée la mort de sa propre mère. Elle lui a de toute façon présenté sa destinée d'homme comme malheureusement et inévitablement liée à la violence, à la guerre et à la mort. Elle lui a ainsi très concrètement laissé entendre que le moindre désir est sous la dépendance de ce maître tout-puissant qu'est la mort. On comprend du même coup pourquoi l'obsessionnel souffre de la peur de se liquéfier au moindre surgissement de son désir.

Les obsessionnels ont été des enfants dont on a court-circuité les processus désirants, en les forçant littéralement à se satelliser autour du corps de la mère. Ne supportant pas que l'enfant s'éloigne pour jouer, uriner, ou toute autre occupation, sa mère le contraint à toujours rester sous son regard. A la différence de la psychose, cette satellisation s'effectue à une distance suffisante pour qu'il soit protégé de l'inceste, mais insuffisante pour construire la mobilité d'une fantasmatique autonome qui prenne le père pour modèle. L'homme obsessionnel aime son père autant qu'il l'ignore, car sa mère ne le lui a jamais présenté comme un garant de sa génitalité à elle. C'est le corps de l'enfant, vivant et satellisé autour de ses jupes maternelles, qui est, pour elle, le seul garant de sa génitalité. Cette circularité du désir se retrouve à l'âge adulte dans cette façon très caractéristique qu'ont les obsessionnels de tourner en rond.

Ne pouvant, dans l'économie sexuelle de sa mère, référer sa présence aux testicules d'un géniteur, l'homme obsessionnel peut entretenir toutes sortes de rapports secrets avec le fantôme de son père. Il peut le rencontrer furtivement dans le miroir, au moment où il y cherche son propre reflet. Il peut aussi le faire surgir chaque fois qu'il pense à se masturber. L'idée d'un cadavre ou d'un squelette se mettant à bander est souvent au centre de ses fantasmes. Revient ainsi l'endroit où les paroles d'un père lui ont radicalement manqué.

L'homme obsessionnel conçoit souvent son père comme un étranger. Une longue et silencieuse fréquentation ne leur a jamais vraiment permis de se connaître. Entre lui et son père, tout un réseau de frontières interdisent la moindre intimité. Entre lui et sa mère, la mort est un dieu autrement plus puissant que le père. Dans ses fantasmes, l'homme obsessionnel ne peut ainsi souvent rêver de rencontrer son père qu'en invoquant son cadavre. Cette fantasmagorie surréaliste et macabre peut être au centre de ses inhibitions sexuelles. Comme dans le poème de Victor Hugo, où l'œil regarde Caïn du fond de la tombe, les yeux du père répondent à ses inhibitions phalliques. Soit ce sont des yeux interdicteurs qui surgissent pour immobiliser la main dans son rapport à l'entrejambe. Soit, à l'inverse, c'est le fantasme d'un regard approbateur qui apparaît au moment du coït.

Invoquant le père et la mort comme les deux faces indissociables du mystère pouvant répondre de sa sexuation, l'obsessionnel maintient ainsi un rapport assez étrange à son père : la complaisance fantasmatique avec laquelle il assujettit le règne paternel à celui du cadavre est, précisément, ce qui l'empêche de se reconnaître comme le descendant d'une lignée d'hommes. Il fantasme d'autant plus sur la présence vitale d'un père mort qu'il ne rencontre jamais le fantôme de son grand-père. L'obsessionnel ignore ainsi que son père a pu être un enfant. S'il implore son fantôme, c'est avec l'espoir que celui-ci lui serve de guide pour sortir de l'inlassable circularité où son désir est prisonnier.

Aux yeux de la féminité, l'homme obsessionnel est toujours un mystère. Il l'est autant dans le rapport secret qui le relie à son père que dans l'accomplissement des interminables rituels et des lourdes tâches qu'il se doit d'accomplir. Mais il l'est surtout dans ses inhibitions sexuelles.

Entre un « ou bien » et un « ou bien » se dessine l'immobile hésitation de l'obsessionnel. L'idée d'avoir à choisir entre deux femmes ne peut donc que l'immobiliser doublement. Il ne rend pas sa femme malade parce qu'il prend une maîtresse. Il l'exaspère parce qu'il n'arrive pas plus à en prendre une qu'à lui offrir des fleurs à elle. Pris entre deux femmes, l'obsessionnel se réimmobilise, incapable de savoir où adresser sa phallicité. Entre un « ou bien l'une... ou bien l'autre », ses pas le conduisent à tourner en rond sur une ellipse. Il élargit ainsi, sans en modifier la structure, le territoire affectif qui l'a satellisé, enfant, autour des jupes maternelles. C'est d'ailleurs souvent seulement dans l'entre-deux-femmes qu'il trouve un peu de repos, car cet

« entre-deux » est pour lui le seul moment de solitude où il se sente exister pour son propre compte.

L'analité obsessionnelle de l'homme peut apparaître comme un univers incompréhensible. Une de mes clientes, elle-même un peu hystérique, me raconta comment elle avait failli tourner de l'œil en dînant avec un obsessionnel. L'homme, assez fin et très cultivé, la courtisait depuis longtemps. Elle m'en avait déjà parlé, étonnée qu'un homme ait besoin d'autant de temps avant de pouvoir se déclarer. Or, voilà qu'enfin il se décide à l'inviter à dîner chez lui. Il vivait seul dans un petit studio où tout était impeccable. En s'asseyant sur un fauteuil recouvert d'une housse de plastique transparent, elle se sentait glacée de toutes parts. L'apéritif la réchauffa. Suite à quoi l'homme passa à la cuisine. Elle lui proposa de l'aider. Mais comme il refusait, elle se contenta de le suivre son verre à la main.

Elle s'étonna de le voir enfiler des gants de caoutchouc et un tablier de plastique. Il avait prévu des biftecks accompagnés de légumes cuits à l'eau. Une nourriture diététique et saine comme il le lui avait fait remarquer. Elle fut alors comme fascinée par la façon dont il manipulait les instruments culinaires. Les gants n'effleuraient jamais le moindre aliment. Il utilisait la cuillère et l'écumoire avec une précision mécanique et un sens de l'hygiène qui lui évoquaient plus la salle d'opération que la cuisine.

Sur une poêle Tefal qui semblait sortir droit du magasin, les deux petits biftecks frissonnaient. Il les manipulait du bout de la fourchette. L'attention méticuleuse qu'il leur portait et la stérilité hygiénique qui émanait de chacun de ses gestes provoquèrent chez elle une vision étrange. Elle vit en place des biftecks deux étrons qui frissonnaient. Elle eut un haut-le-cœur, prétexta un malaise et ne put rien avaler de la soirée.

La sodomie

Si les obsessionnels souffrent particulièrement de la difficulté à maîtriser les ressorts de l'érotisme anal, il y a là, d'une façon générale, quelque chose d'assez masculin. L'homme n'aime pas avoir à répondre de cette partie de son corps. L'anus étant, dans l'image de son corps, le seul endroit par lequel il puisse imaginer se faire pénétrer, c'est un orifice qui évoque surtout à l'homme une forme imparfaite de la féminité. La femme est dans une autre position. Son analité infantile peut se sublimer dans la grossesse : donner forme au corps de l'enfant. Elle s'investit ainsi dans la gestation et l'expulsion du fœtus. Ne pouvant en faire autant, l'homme ne peut sublimer son analité d'enfant que dans la possession du corps de la femme. Son plaisir sera alors de la maîtriser, de la posséder, de s'approprier son corps comme la preuve de son pouvoir à lui.

Le besoin de sodomiser sa partenaire est ainsi une voie sexuelle qui tend à dépasser l'endroit où l'obsessionnel échoue. Mais le plaisir que prend l'homme à la sodomie est, lui aussi, proportionnel à la façon dont la mère a précocement pris possession de l'anus de son garçon. Abusif, l'usage des lavements ou des suppositoires est toujours vécu, dans les fantasmes de l'enfant, comme un plaisir qu'il procure à sa mère. Le garçon en est encombré différemment de la fille. Ce simulacre de coït que représente l'usage de la canule ou du suppositoire dévalorise ses érections. Dans ses fantasmes, il a tendance à en conclure que les choses se passent ainsi car sa mère doit se priver du plaisir qu'il pourrait lui procurer en la pénétrant par l'anus. Retournant la situation par laquelle il a découvert cette jouissance féminine imparfaite qui pour lui caractérise l'anus, il revalorise ainsi son pénis et le désir de pénétrer. A l'âge adulte, il pourra retrouver ce désir avec une intense tonalité érotique dans toutes les situations réelles ou imaginaires qui évoquent les rapports du pénis et de l'anus. Ce genre de retournement est propre à la vie fantasmatique, on l'a vu. Les fantasmes sexuels prennent aisément la forme d'un déni, puisque leur fonction première est de permettre au sujet de se voir actif dans la jouissance d'un autre.

Les modalités du plaisir que peut prendre la femme à se faire sodomiser ont, pour elle aussi, les mêmes racines. Tout comme le garçon, elle découvre ces lieux de jouissance que sont la bouche et l'anus dans le rapport à sa mère. Le clitoris joue pour elle le même rôle que le pénis du garçon. Bébés, ils éprouvent tous deux une jouissance semblable, au moment de la toilette. Dans l'image du corps de la fille, le seul orifice qui soit véritablement interdit à la mère est le vagin. Renforcé par les images de la virginité prénuptiale, cet interdit est primordial dans sa construction sexuelle. C'est un des pivots de son autonomie corporelle.

La fille peut se sentir frustrée que la féminité de sa mère ne puisse la prendre pour objet de jouissance. Cela lui est pourtant nécessaire pour comprendre qu'elles n'ont, ni l'une ni l'autre, de pénis, mais que les hommes en ont un. Dans ses fantasmes, la mère n'ayant pas accès à ce coffret que représente le vagin, seuls les hommes en possèdent la clef. Le prince charmant détient ainsi la clef d'une jouissance qui lui permet de renoncer à celle qu'elle a, comme le garçon, connue avec sa mère. Rejetant sa mère, elle investit l'homme dans ses fantasmes sexuels. Or ce processus de maturation sexuelle implique bien sûr que la mère puisse se passer du corps de sa fille et ne l'utilise pas en remplacement d'une jouissance qu'elle ne trouve plus avec son époux. Si la mère porte une attention exagérée au clitoris ou à l'anus de son enfant, elle entrave la construction des fantasmes qui permettent à sa fille de se passer d'elle plus tard. L'érotisation précoce de l'anus provoque alors chez elle les mêmes fixations que chez le garçon.

La femme est toutefois moins sujette que l'homme à la névrose obsessionnelle. Elle peut plus facilement sublimer ses pulsions anales dans la grossesse, et ses tendances à l'obsession dans les activités ménagères. Lorsque sa mère a abusé avec elle du suppositoire ou de la canule, elle est moins encombrée que le garçon par la position qu'on lui a imposée. La jouissance anale a ainsi pour la femme un statut semblable à la jouissance clitoridienne. Ce sont deux formes de jouissances qui restent en continuité avec la jouissance infantile. Le plaisir de se faire pénétrer par l'anus plutôt que par le vagin a ceci de particulier qu'il ne rompt pas forcément avec celui qu'on a connu avec sa mère. Mais ne se fixer que sur l'anus ou le clitoris émane généralement d'une difficulté inconsciente à la quitter.

Le clitoris et l'anus ne sont toutefois pas comparables. La jouissance clitoridienne est indépendante du pénis. Celle que procure l'anus ne l'est pas. Lorsque la mère abuse de sa fille, celle-ci peut fantasmer qu'elle agit ainsi pour compenser la tristesse de ne pas avoir de pénis. C'est à partir de là qu'elle fantasmera qu'un homme la sodomise pour se donner la garantie que le pénis est plus fort que la mère. A l'âge adulte, son goût pour la sodomie aura, dans ce cas, la fonction de déloger la mère d'un endroit où elle a pris possession de sa fille. L'érotique dans laquelle se déploie la sodomie est alors celle du maître incontesté qu'incarne le pénis. C'est un maître tyrannique qui, sur le mode de la toute-puissance maternelle, impose sa loi et ses désirs, d'une part, au corps de la fille qu'il domine, de l'autre, à la mère qui pourrait continuer de prétendre à ses droits sur le corps de sa fille. Mais si l'homme et la femme ne peuvent, par le sexe, que faire vibrer les seules résonances fantasmatiques de l'anus et du pénis, vont-ils beaucoup plus loin que l'endroit de solitude où s'immobilise l'homme obsessionnel ?

IX

LES PROBLÈMES DE L'ÂGE ADULTE ET LA PROCRÉATION

Angoisse et culpabilité

L'écartèlement que peut vivre l'adolescent entre la nécessité de tuer imaginairement ses parents et le désir de s'inscrire, à leur suite, dans la vie active et la sexualité se poursuit tout le reste de l'existence. Vivre sa sexualité, c'est admettre que ses parents sont mortels, ce qui n'a rien d'évident aux yeux de l'être humain. La névrose est d'ailleurs la pathologie qui témoigne des difficultés que pose, dans l'esprit humain, l'abandon de ses propres parents. L'angoisse hystérique devance et court-circuite le fait de devoir les quitter. L'angoisse obsessionnelle ressasse l'impossibilité de s'en défaire.

Si assumer de faire des enfants demande de s'être séparé de père et mère, à l'inverse, sitôt que l'on procrée, c'est le modèle qu'ont été ses parents qui a toutes les chances de revenir. Ce modèle, on peut le refuser ou le reprendre à son compte. Il est de toute façon illusoire de croire que le désir de procréer puisse venir d'ailleurs que de sa propre enfance. Alors qu'affronter ses désirs sexuels demande d'avoir imaginairement tué père et mère, procréer réclame de pouvoir questionner ce qu'ils ont été pour nous.

La sexualité s'épanouit différemment d'une culture à l'autre. Elle n'a pas forcément la même place dans toutes les civilisations qui se sont succédé, ou se bousculent encore, à la surface de la planète. Elle dépend des valeurs culturelles de la famille et de la société dans lesquelles on voit le jour. La sexualité génitale ne peut donc être pensée indépendamment des règles morales et éthiques dont on hérite de ses lignées. Voilà *les deux mouvements contradictoires qui sont à l'origine de toutes les difficultés liées à la sexualité génitale : l'un où la sexualité exige d'abandonner père et mère, l'autre où elle s'appuie sur la continuité généalogique dont ils sont le maillon.*

Les désirs sexuels peuvent soulever toutes sortes d'émotions. L'idée de les satisfaire peut provoquer de l'angoisse. Or cette angoisse est curieusement proportionnelle au secret dans lequel on a enfoui ses désirs. L'angoisse émane d'une problématique très différente de la peur. Elle n'est pas provoquée par un danger réel. Si elle en signale un, c'est un danger assez étrange puisqu'il s'agit de la crainte que provoque la possible rencontre d'une chose inconnue, d'un territoire nouveau ou d'un plaisir étranger à son système usuel de représentation et de pensée.

Provoquée par les désirs sexuels, l'angoisse signale le danger que peut représenter une expérience érotique inconnue. Le plaisir n'est bien sûr, dans ce cas, dangereux qu'à un niveau imaginaire. Si sa possible réalisation se signale par de l'angoisse, ce n'est pas pour protéger la personne de son propre désir, mais pour lui rappeler que l'accomplissement du désir sexuel se paie de la perte des parents. L'angoisse est ainsi la conscience larvée qu'en s'adonnant aux plaisirs du sexe, on abandonne assez radicalement ces premiers objets d'amour qu'ont été les parents.

Or, la vérité en ce domaine est à double face : que la

sexualité soit la façon la plus courte et la plus certaine pour accomplir un assassinat imaginaire de ses parents en affirmant que l'on n'a plus besoin d'eux ne supprime en rien le fait que la réticence à abandonner père et mère soit au fondement de l'humain.

Il est quand même étrange que la majorité des clients qui consultent un psychanalyste à notre époque témoignent de la même chose. Ils ont pour la plupart découvert la masturbation dans une culpabilité épouvantable. Seule pourtant une minorité d'entre eux a eu des parents qui réprimaient les actes sexuels. La culpabilité masturbatoire existe indépendamment de toute répression. La culpabilité à user de son sexe ne surgit pas face à la transgression d'un interdit. Elle existe de façon intrinsèque pour tout enfant qui n'a pas été informé que les lois de la vie et de la mort le destinaient à quitter ses parents. Alors que l'angoisse signale la perte qui découle de l'appropriation d'un territoire érotique nouveau, la culpabilité résiste à déposséder les parents du droit de propriété qu'ils ont eu sur notre corps.

Vus sous cet angle, les mécanismes psychiques qui régulent la dialectique de l'abandon et de la retrouvaille de ses propres parents dans le désir sexuel sont hautement sophistiqués. Il est en tout cas certain que la sexualité génitale et plus particulièrement la procréation dépendent d'un équilibre entre ces deux forces contradictoires qui gouvernent la sexualité : celle où le nécessaire abandon des parents est compensé par la retrouvaille inévitable des continuités généalogiques dont il nous faut hériter.

La structure du sexuel relève chez l'homme de sa spiritualité, c'est-à-dire de son évolution psychique, elle-même dépendante de la façon dont l'esprit humain se construit au cours des premières années de la vie. Nous avons déjà aperçu que la construction du psychisme s'effectue dans deux directions apparemment contradictoires, deux vectorisations premières autour desquelles s'organise toute la complexité de l'esprit. L'une, horizontale, vise à la constitution de l'ensemble des relations qui déterminent l'espace de sa propre génération. L'autre, verticale, inscrit l'être dans la continuité de ses lignées et de sa culture.

L'*horizontalité psychique* réfère le sexe à ses frères et sœurs, à son conjoint et à ses amis, au plaisir et à la jouissance : à tout ce qui constitue l'*espace de sa propre génération.* La *verticalité psychique* le réfère à ses parents, à la *succession des générations,* à la procréation, à la mort et au sacré : avant tout à l'héritage de ses ancêtres.

L'horizontalité se constitue, en premier, dans le rapport à la mère, en second, dans toutes les activités qui séparent d'elle : les jeux, les relations de fratrie et les amitiés d'école. Dans l'enfance, c'est le « touche-pipi ». Au moment où l'on en sort, c'est la bande d'adolescents, l'amitié grégaire au sein d'un groupe, les premiers flirts et l'adoption d'un style vestimentaire qui rompt avec la génération précédente.

La verticalité est là dès le stade fœtal. Elle se particularise à la période œdipienne. C'est le rapport de l'enfant à son nom, à son père et à ses ancêtres, mais aussi à tous les doubles imaginaires que lui propose sa culture et qui jouent un rôle dans la constitution de ses idéaux. Dans l'enfance ce sont les grands-parents, les parrains et marraines, l'Ange gardien ou le petit Jésus. Plus tard ce sont les héros auxquels on s'identifie. A l'adolescence c'est le choix de toute activité qui répond d'un idéal par lequel on se sent participer au devenir de l'humanité.

Toutes les questions que sous-tend la sexualité se nouent à la croisée de ces deux vectorisations. Alors que *l'horizontalité réfère le sexe au plaisir et à sa seule génération, la verticalité le réfère à la mort et aux rapports de filiation.* L'horizontalité veut que l'être humain soit seul à décider du libre usage de son sexe. La verticalité fait qu'entre l'ascendance et la descendance, sa sexualité l'inscrit dans la succession des générations.

Le masculin et le féminin sont du même coup des qualités qui n'ont rien à voir avec le paternel et le maternel. Masculin et féminin relèvent de l'horizontalité psychique, de la jouissance et des joies érotiques. Paternel et maternel concernent la verticalité et relèvent de la procréation.

Masculin et féminin sont des qualités qui structurent l'individu dans la mobilité propre à son sexe. Ces qualités jouent un rôle dans les rapports sociaux et l'image qu'on y donne de soi. Décider d'être père ou mère est du domaine de l'intime et ne concerne que la solitude de son être. Masculin et féminin sont au fondement de la communication érotique, du plaisir à explorer le mystère de sa vie. Paternel et maternel impliquent autant la sexualité, mais en y additionnant la dimension nouvelle d'une sexualité platonique qui investit l'enfant.

Une des principales difficultés de la sexualité génitale réside dans l'investissement sexuel de l'enfant, destiné à rester platonique. Que les religions en soient arrivées à ne vouloir considérer le sexe qu'à travers les fonctions parentales situe d'ailleurs le problème. Père et mère sont des valeurs verticales. Faire des enfants, mais surtout permettre à l'amour qu'on leur porte de rester platonique est la façon la plus commune de se préparer à cet arrêt définitif de toute jouissance corporelle qu'est la mort. Il n'en est pas moins catastrophique d'oublier que la santé du père et de la mère dépend en premier de celle de l'homme et de la femme, et donc du plaisir qu'ils prennent à assumer tous les jeux de la bissexualité.

On le voit bien lorsqu'on est psychanalyste d'enfants. La psychose de l'enfant ne provient pas de parents qui assument mal leurs fonctions. Les mères des enfants psychotiques ne sont pas de mauvaises mères. Ce sont des femmes pour qui l'investissement du maternel s'est effectué au prix de leur féminité. Si elles étouffent leur enfant, c'est qu'elles l'investissent au détriment de leur sexualité adulte. L'enfant se développe mal ou régresse, car elles ne lui offrent aucune représentation adulte de la sexualité. On peut alors être effrayé du rôle que jouent les idéologies médicale et religieuse dans l'économie des foyers.

Dans un hôpital de jour où je travaillais, lorsque je demandais à un enfant psychotique comment, d'après lui, sa mère l'avait fait, j'avais systématiquement l'une de ces deux réponses. Le plus souvent : « A l'hôpital. » Plus rarement : « A l'église. » Si je lui demandais quel rôle avait joué son père là-dedans, j'avais toujours la même réponse : « Il gagne de l'argent. »

C'est, en effet, en limitant leur rôle à celui de porte-monnaie que ces pères n'aident pas du tout leur enfant. Au nom de la paternité, ils ne revendiquent plus rien d'une sexualité adulte, alors qu'ils sont pourtant aux premières loges d'un spectacle souvent assez obscène : celui où leur épouse se débat ou se complaît, avec leur enfant, dans les méandres d'une sexualité infantile qui leur dénie toute place. On constate d'ailleurs que l'enfant se met souvent à aller mieux lorsque son père prend une maîtresse ou revendique d'une façon ou d'une autre sa place d'homme et sa sexuation.

Sous les apparences de l'amour platonique, le rapport à l'enfant est imprégné d'une part sexuelle qui n'est pas évidente à vivre. L'arrivée de l'enfant modifie considérablement les échanges sexuels entre deux êtres. La santé psychique de la femme demande alors que l'avènement du maternel ne détruise pas sa féminité. On connaît cette facilité des mères à s'enfermer dans le rapport à leurs enfants, afin d'y nourrir une plainte inépuisable. Oubliant qu'elles sont femmes avant d'être mères, leur plainte se focalise sur l'ingratitude sexuelle de l'enfant qui les délaisse pour d'autres activités. Ce rapport à l'enfant qui se substitue à la sexualité adulte n'épargne pas l'homme.

Dès qu'il prend forme dans le ventre de sa mère, l'enfant peut perturber la sexualité de son père. Nombreux sont les couples qui pensent à tort que les rapports sexuels sont nuisibles au fœtus. Les hommes fantasment alors facilement leur sexe comme un objet dangereux, susceptible de blesser le fœtus ou de perturber le nirvana symbiotique par lequel ils se représentent la vie fœtale. C'est là une opinion commune tout à fait erronée. Le fœtus réagit à tous les stress de la mère, mais aussi à tout ce qui concourt à sa santé. A travers la sexualité de sa mère, il communique avec son père. Cela peut apparaître à la naissance : si on observe des bébés dans une maternité, on s'aperçoit que le tonus de l'enfant qui vient de naître émane rarement d'une identification à sa mère. Il témoigne le plus souvent d'une identification au père qui se penche sur le berceau. On constate ainsi que la tonicité phallique de l'homme concerne l'enfant dès le stade fœtal.

Non moins nombreux sont ceux qui consultent après

la naissance d'un premier enfant. Depuis que ce petit est là, ils sont incapables de retrouver avec leur épouse la moindre mobilité sexuelle. D'avoir recréé une mère fait qu'ils ont perdu tout contact avec sa féminité. Les voilà devenus, avec la paternité, aussi asexués que Joseph est supposé l'être dans la mythologie chrétienne. Or, contrairement à ce que l'on pourrait croire, rien n'est plus encombrant, pour un enfant, qu'un père ou une mère se servant de sa venue pour renoncer à sa propre sexualité.

Dans sa fonction horizontale, la sexualité est responsable de la santé corporelle et psychique de la personne. Dans sa fonction verticale, elle est responsable d'une tout autre santé, celle de sa descendance, qui ne peut alors se penser indépendamment de celle de ses lignées. La complémentarité du masculin et du féminin gouverne ainsi la santé individuelle. Celle du paternel et du maternel relève de la santé des familles. Mais à condition qu'en devenant père et mère on n'oublie pas l'homme et la femme.

Comment l'enfant crée père et mère

L'enfant arrive au monde immature. Son système nerveux n'atteint sa pleine fonctionnalité que vers la troisième année. La construction du psychisme et l'intégration de la sexualité sont sous la dépendance directe de l'espace d'incarnation. On ne peut concevoir ni l'esprit humain ni la sexualité indépendamment de la langue maternelle qui leur donne forme. La sexualité est dépendante de l'éducation que l'on reçoit. Or c'est là une difficulté réelle, puisque cette dépendance persiste à l'âge adulte. Cette persistance n'est pas forcément pathogène. Elle est à la base de la morale et de l'éthique avec lesquelles on assume sa sexualité. Mais lorsqu'on ne s'est pas donné les moyens de la repenser, la morale héritée génère aussi toutes les formes de la rigidité sexuelle. Le fait de devenir père ou mère est à ce niveau une épreuve de vérité.

L'adolescence est un âge où il s'agit avant tout de construire le masculin et le féminin dans le style et la créativité de sa propre génération. Pour quitter père et mère, l'adolescent rejette aisément les morales apprises. La procréation relève d'un mouvement radicalement inverse. Elle renoue avec ses propres parents en réinscrivant l'être dans ses lignées et sa verticalité ancestrales. En essayant de se prendre pour un père ou une mère, on a, du même coup, plutôt tendance à retrouver la rigidité des morales apprises.

L'esprit humain ne répond pas aux mêmes lois, lorsqu'il évolue dans l'espace, horizontal, de sa propre génération ou dans celui, vertical, de sa continuité ancestrale. Avec ceux de son âge, on assume le plaisir et la sexualité. Avec l'enfant, on assume surtout sa propre mort. Paternel et maternel ne sont d'ailleurs pas des fonctions qui émanent du masculin et du féminin. Il n'y a aucune continuité entre la jouissance érotique et l'éducation des enfants. Seule la venue de l'enfant crée le père et la mère. Que ses parents l'aient désiré n'y change rien. Tant que l'enfant n'est pas là, ils ne peuvent rien éprouver de l'état de père ou de mère. Paternel et maternel ne s'inscrivent pas dans une continuation du féminin et du viril, mais comme une création de l'enfant. Si les parents peuvent répondre à la façon dont l'enfant les crée, c'est parce que le père et la mère sont, dans l'imaginaire et la vie psychique, des instances qui existent de toute éternité.

Dans la vie fantasmatique, les images du père et de la mère situent la vectorisation temporelle de la succession des générations. Ce sont des représentations qui existent indépendamment de toute sexuation. Dans les rêves, le père et la mère ne sont que très rarement sexués. Ce sont avant tout des représentations symboliques par lesquelles l'être humain reconnaît qu'il est assujetti au langage. L'esprit est difficilement abordable en dehors de la langue où il prend forme. Or, cette langue préexiste à la naissance et survit au-delà de la mort. Père et mère sont donc, en premier, des images symboliques qui inscrivent la suprématie du Verbe dans la succession des générations. C'est d'ailleurs ainsi qu'on les donne à vénérer dans la panoplie des icônes. Dieu le père et la Madone ont leurs pendants dans toutes les religions.

A l'âge adulte, l'idée que l'on se fait de ce que doivent être un père et une mère ne dépend aucunement du féminin et du viril. Elle dépend des parents que l'on a eus, mais aussi de ses grands-parents et ancêtres. Dans notre système de représentation, père et mère sont des figures atemporelles et verticales qui gèrent plus la survie du groupe, de l'ethnie et de l'espèce que celle de la personne. On trouve le père et la mère au fronton de toutes les églises, car ce sont, dans l'inconscient, des instances symboliques qui gouvernent beaucoup plus une reconnaissance de la mort qu'une reconnaissance du sexe.

C'est d'ailleurs un des points obscurs de la théorie freudienne. On comprend généralement la théorie de l'Œdipe comme une maturation sexuelle de l'enfant qui s'effectue à travers la croyance qu'il lui faut éliminer l'un de ses deux parents, pour prendre sa place auprès de l'autre. On résume alors un peu trop rapidement un processus dont la complexité dépend justement des vectorisations horizontale et verticale du psychisme humain. Sur sa vectorisation horizontale, la maturation sexuelle de l'enfant consiste à se fantasmer dans des activités sexuelles, semblables à celles des personnes de son propre sexe. Sur son versant vertical, sa maturation sexuelle est plus ardue, car il s'agit d'arriver à concevoir que ces adultes dont il dépend totalement et qu'il idéalise dans ses fantasmes comme ses premiers partenaires sexuels sont en fait destinés à mourir avant lui.

Dans les rêves par exemple, on assassine assez couramment père et mère. Ce genre de rêve est à ce point fréquent qu'on ne peut y voir un simple désir de mort. Ce serait là confondre les catégories du conscient et de l'inconscient. Alors que le conscient veille à la survie quotidienne de la personne, l'inconscient gouverne la vie d'une façon plus vaste. Dépositaire du savoir ancestral, il ne se préoccupe pas tant de la survie de la personne que de son évolution. Pour cela, il resitue cette évolution dans celle plus globale de la famille, du groupe et de l'espèce. C'est la raison pour laquelle il banalise la mort. Il la présente en rêve comme un événement dépourvu de sentiments et d'affects. Car, au regard de l'évolution de l'espèce, il n'y a là, en effet, qu'un événement banal. La mort des parents est du même coup, dans les rêves, la représentation qui exprime le plus clairement ce qu'il faut perdre pour assumer sa propre évolution.

Les instances parentales représentent ainsi, dans l'inconscient, un potentiel psychique qui préexiste aux croyances et aux religions, tout en en justifiant le fondement. Paternel et maternel sont des instances qui gouvernent la construction du psychisme et l'évolution spirituelle. L'enfant construit tous ses idéaux à travers les images du père et de la mère. Que sa construction psychique soit dépendante de ses parents est d'ailleurs ce qui le différencie des autres mammifères. A l'âge adulte, ces idéaux perdurent dans tout ce qui, en l'être, privilégie le pouvoir de l'esprit sur la matière et la chair, sa force vis-à-vis de la mort, et la certitude que le mouvement de la vie ne saurait s'arrêter avec son propre cadavre. Père et mère sont ainsi des représentations symboliques garants du statut de l'être humain.

Le petit enfant, et à sa suite l'inconscient, auréole ses parents d'une idéalisation qui les immortalise. Il ne se contente pas de créer père et mère, il les pare d'une lumière divine qui transcende leur mortalité afin de pouvoir, lui-même, se construire un idéal humain. Avec eux, il apprend ce qu'est la vie. Il découvre la sexualité, mais aussi la mort. Sur le versant horizontal de ses scénarios œdipiens, il rêve d'être en âge de pouvoir vivre sa sexualité avec eux. Sur le versant vertical de ces mêmes scénarios, il lui faut assassiner les divinités qu'il a vues en eux pour pouvoir imaginer qu'il leur succède. Présents de toute éternité dans les structures de l'inconscient, *père et mère sont des fonctions qui renaissent avec chaque enfant, mais qui périssent aussi à chaque adolescence.*

Vie conjugale, plaisir et libertinage

La verticalité psychique rend l'homme capable de sacrifier sa propre vie pour celle d'un groupe, d'une cause ou de sa descendance. L'horizontalité n'est pas à ce point assujettie aux idéaux. Masculin et féminin sont des instances qui privilégient beaucoup plus la conscience de la vie que la nécessité d'y assumer la mort. Virilité et féminité inscrivent la vivance du corps dans l'espace de sa propre génération et des plaisirs qui en découlent. Associant le sexe non plus à la mort et au sacré, mais au plaisir et au rapport à l'autre, masculin et féminin ont la charge de réinventer la vie pour son propre compte et avec ceux de son âge. La sexualité ne s'apprend pas avec les parents. Elle se réinvente à chaque génération, au même titre que le style vestimentaire, les danses et la musique. En dehors du rôle que la mère y a joué dans les premières années de la vie et dans la sexualité infantile, l'horizontalité n'est partagée qu'avec ceux de son âge.

L'héritage psychique d'un être humain n'est donc pas de même nature dans les mouvements horizontaux et verticaux de sa sexualité. L'horizontalité sexuelle se constitue tout d'abord dans la découverte de la jouissance et le rapport à la mère. Ensuite à travers les identifications aux parents mais aussi aux autres adultes de leur classe d'âge. Les scénarios œdipiens de l'enfant cadrent les attitudes sexuelles des parents qu'il compare avec celles de ses amis et de tous ceux qu'il fréquente. L'enfant se donne ainsi une place dans l'une ou l'autre des deux polarités du discours entre les sexes. Cette intégration des mouvements qui orchestrent la mobilité sexuelle exclut les grands-parents que leurs petits-enfants vivent le plus souvent comme des personnes asexuées.

L'intégration de la verticalité sexuelle s'effectue tout autrement. Au niveau du paternel et du maternel, les scénarios œdipiens de l'enfant ne cadrent aucun modèle qui puisse s'appréhender à l'extérieur de la famille. En revanche, ils réfèrent le modèle que sont ses parents à leurs propres parents et aux ancêtres. L'enfant se donne ainsi une place qui l'installe à l'avant de ses lignées. Alors que les parents et leurs amis lui servent à comprendre les mécanismes sexuels, les grands-parents lui permettent surtout de référer la sexualité à la mort et au pourquoi de sa présence sur terre.

L'horizontalité et la verticalité sexuelles répondent ainsi à des gammes de valeurs qu'il n'est pas forcément aisé de superposer l'une à l'autre, mais dont l'équilibre détermine pourtant la santé du génital.

L'horizontalité sexuelle gouverne la mobilité de son propre sexe, l'exploration de son corps et de celui de l'autre. D'elle dépendent toutes les variantes du plaisir, de la créativité et du libertinage. Elle engendre la mode et les stéréotypes sexuels, le machisme et le féminisme. Elle domine dans l'homosexualité qui privilégie la gratuité du sexe sur la reproduction. Elle est avant tout responsable du plaisir et de la complémentarité affective entre les êtres.

La verticalité sexuelle soutient en premier la conscience que le sexe est lié à la reproduction. Elle produit la majorité des tabous sexuels. Elle maintient la morale et l'éthique. Elle génère l'institution du mariage et les rituels nuptiaux. Elle peut être responsable d'une vocation religieuse, mais aussi d'une stérilité. Devenir, comme la nonne ou le curé, père ou mère d'une Eglise sans pour autant procréer vise, dans l'inconscient, à soigner les blessures de ses propres parents. La stérilité peut de façon symptomatique servir la même cause. N'est-elle pas avant toute chose l'impossibilité pour l'être de reproduire pour un autre ce que ses parents ont fait pour lui-même ?

La sexualité génitale ne peut s'épanouir qu'à partir de l'écartèlement permanent qu'elle subit entre les visées horizontale et verticale du désir sexuel. Toutes les bizarreries de la vie fantasmatique ne sont que le produit de cet écartèlement premier entre le désir de combler ses parents, de ne rien perdre des relations de chair qui nous ont relié à eux, et la nécessité de les laisser choir, en soustrayant notre corps à leur emprise.

Fêter la liberté et le droit à user de son corps, s'attarder sur les mystères de la communication érotique ou explorer les chemins du libertinage sont des voies nécessaires à la reconnaissance d'une certaine solitude : celle de l'âge adulte. Si le libertinage se détourne autant de la famille dont on émerge que de celle que l'on recrée, c'est qu'il s'y oppose surtout comme une affaire d'aération.

Le regard social est là plus complaisant pour les hommes. On leur attribue facilement des besoins sexuels qualifiés de physiques, comme si la communication érotique pouvait être conçue indépendamment des processus psychiques. Appréhender les choses ainsi permet surtout de ne pas s'attarder sur la nature et le rôle des communications psychiques que met en jeu le libertinage.

Il est douteux de différencier l'homme et la femme par leurs besoins sexuels. Dans les modalités culturelles qui régissent leur sexe, la sexualité de l'homme et celle de la femme se différencient avant tout par la divergence de leurs rôles auprès de l'enfant. La mère participe beaucoup plus que le père à l'horizontalité naissante de l'enfant. Elle entretient obligatoirement avec lui toutes sortes de rapports corporels qui impliquent la sexualité. Elle est, du même coup, automatiquement plus pathogène que le père sitôt qu'elle en profite pour réduire sa féminité à sa seule expression maternelle. Croire que l'homme a plus que son épouse des besoins physiques en matière de sexualité consiste le plus souvent à ignorer que l'abstinence sexuelle des mères entrave avant tout le développement psychique ou spirituel de leur enfant. Et cela afin de ne pas savoir que cette entrave est d'autant plus certaine que leurs époux s'en arrangent.

Dans notre culture, on a tendance à n'opposer à la Vierge Marie que la figure de la putain, comme si le libertinage était radicalement dépourvu de valeurs spirituelles. Valoriser sa virilité ou sa féminité dans des relations multiples, ou même avec des partenaires que l'on paie, ne peut aucunement se réduire à un acte physique ou masturbatoire. La masturbation n'implique le masculin et le féminin que de façon virtuelle. Elle ne sépare en rien des parents. Le libertinage en prend le risque. Il n'est donc pas dépourvu de valeurs spirituelles. Il vénère au moins la complémentarité charnelle du masculin et du féminin. Il permet, aussi radicalement que le couvent, l'armée ou le séminaire, de se soustraire à l'emprise des parents. S'il possède sa part de spiritualité, c'est qu'il permet d'assumer sa solitude corporelle et psychique.

On le voit bien lorsque, au cours de leur psychanalyse, des personnes jusqu'alors modérées dans leur sexualité s'engagent momentanément dans une sexualité libertine. Le libertinage leur permet surtout, dans ce cas, d'explorer le potentiel psychique qui assume la solitude de ses propres désirs. Les grands mystiques ont d'ailleurs souvent été auparavant de grands libertins. Ignace de Loyola, par exemple, le fondateur de l'ordre des jésuites, était, en sa jeunesse, beaucoup plus passionné par les armes et les femmes que par la présence de Dieu. Le libertinage n'en est pas pour autant à considérer comme une étape liée à l'immaturité de la jeunesse. La source de tout libertinage est en effet la liberté sexuelle qu'exige à l'adolescence la construction du masculin et du féminin. Ce n'en est pas moins une étape nécessaire au développement de l'être, qui risque à tout âge de rappeler sa nécessité lorsque, justement à l'adolescence, on en a court-circuité l'approfondissement.

La sexualité est très active dans les hospices et les maisons de retraite où l'on installe les vieillards. Elle l'est d'autant plus qu'à cet âge, comme à l'adolescence, on se sent libre des entraves de la reproduction. Lorsqu'on travaille avec des personnes du troisième âge, on ne voit plus guère de différence entre la liberté sexuelle des hommes et des femmes. Cela prouve bien que le rapport à l'enfant est le principal facteur qui peut, à l'âge adulte, influer sur les différences de disponibilité sexuelle de l'homme et de la femme.

Le démon de midi n'est pas que l'apanage des hommes. Il existe autant chez la femme, mais il est chez elle plus étroitement dépendant de la maternité. Dans ce qu'elles en disent, il est rare que les femmes s'autorisent à prendre un amant pendant leur maternité. Elles le font, en revanche, souvent de façon irréfléchie et compulsive, au moment où leur dernier-né est en âge d'aller à l'école. D'autres attendent qu'il ait franchi l'adolescence. Elles consultent alors un psychanalyste afin de pouvoir assumer le personnage de la vieille dame indigne. Ce sont souvent des femmes qui ont eu très jeunes de nombreux enfants. Il est plutôt émouvant de les voir remettre en jeu une adolescence dont la maternité les avait trop vite dépossédées.

La nécessité de revaloriser sa féminité ou sa virilité peut resurgir à tout âge. Si le libertinage laisse des traces dans la culture, c'est qu'il soutient cette nécessité. S'il possède une certaine richesse, c'est qu'il tourne le dos à la rigidité morale et à la seule raison. Cependant, maintenus à n'importe quel prix, les échanges érotiques s'effectuent toujours au détriment de la parole et de son rôle dans l'équilibre affectif.

La passion amoureuse est, dans l'ordre érotique, ce qui se refuse à regarder cette vérité en face. Les amants se laissent aisément croire qu'ils ne pourront jamais se quitter. Or c'est précisément l'endroit où la passion amoureuse fait peur, car elle oublie tout simplement que l'amour est aussi la capacité de perdre l'autre.

Lorsqu'il ignore la séparation, l'amour risque de ne conduire qu'au tombeau. Qu'il s'agisse de Roméo et Juliette ou de Tristan et Iseult, les modèles occidentaux sont assez clairs sur ce point. L'endroit où débouche la passion amoureuse ne peut être que le drame. La passion tend un piège qui réside avant tout dans l'impossibilité de se perdre. Pour cela, elle idéalise la personne aimée. Elle la valide de ses propres rêves. Elle la charge du plus secret de ses désirs. Elle tend ainsi à lui faire endosser une parure qui n'a d'existence que dans ses propres fantasmes. Lorsqu'elles deviennent réciproques, ces projections par lesquelles le miroir de l'amour évacue la réalité des personnes peuvent toucher aux délices. Ne tenant compte que de la réalité fantasmatique, la passion amoureuse n'engage pas moins dans un jeu de miroirs déformants. L'illusion des miroirs de l'amour ne peut alors malheureusement rien faire d'autre que de provoquer une catastrophe pour pouvoir se briser.

Dans des équilibres plus quotidiens, l'articulation du viril et du féminin est une charnière de mobilité dont dépend la tenue narcissique de son corps. La mobilité sexuelle a une existence autonome et indépendante des fonctions parentales. Elle préexiste à la venue de l'enfant et reste, indépendamment de la procréation, un des principaux moteurs de l'existence. Faire des enfants ne devrait donc rien modifier à l'articulation sexuelle de l'homme et de la femme. C'est pourtant une des difficultés les plus courantes que rencontre la sexualité génitale. Nombreux sont ceux qui se plaignent du fait que la paternité ou la maternité empiète sur leur vie sexuelle.

A l'encontre des idées reçues, la procréation implique une certaine vigilance dans l'articulation du viril et du féminin. Cette vigilance n'a rien de superflu, car le paternel et le maternel ne possèdent entre eux aucune charnière de mobilité affective qui puisse exister en dehors de l'enfant. C'est le premier obstacle que rencontre le statut de père ou de mère sitôt qu'on l'investit au détriment de sa féminité ou de sa virilité. On le voit bien dans les problèmes de ceux qui, ayant des enfants, se séparent. La principale difficulté qu'ils rencontrent est qu'ayant rompu les charnières affectives qui les font hommes et femmes, ils ne savent plus comment continuer à se respecter en tant que pères et mères de leurs enfants. Cette difficulté est d'autant plus réelle que les enfants ne peuvent en aucun cas se substituer à une articulation sexuelle qui s'est rompue entre leurs parents.

L'enfant a déjà une lourde tâche vis-à-vis de ses parents. Il crée les fonctions parentales. Il est en fait le seul à les légitimer, puisque père et mère n'existent que par sa venue. De plus, on oublie toujours que le premier désir d'un enfant ne peut que concerner l'amélioration ou la réparation de son espace d'accueil. On oublie cela, car il paraît trop invraisemblable que la source de toutes les pathologies de l'enfant puisse résider dans l'amour qu'il porte à ses parents. C'est pourtant si vrai que l'on doit considérer les maladies dites infantiles comme faisant partie intégrante du développement psychique de l'enfant.

Il est particulièrement difficile pour l'enfant d'admettre qu'il ne peut communiquer avec ses parents par des actes charnels. Tel est pourtant l'enjeu de sa maturation sexuelle. Au cours de cette maturation, la découverte qu'il n'a aucune prise sur la virilité et la féminité de ses parents est compensée par ses capacités à relancer les échanges affectifs entre eux et lui. Mais en dehors de la parole, il n'y a que l'expression somatique qui puisse, de façon certaine, mobiliser à son profit l'affectivité de ses parents. C'est alors qu'il fait des otites, comme pour signaler qu'il est en manque de paroles, ou qu'il devient insomniaque comme l'enfant au carreau cassé. Cela ne veut pas dire que les symptômes de l'enfant sont à considérer comme du chantage affectif. Cela veut seulement dire que l'enfant a d'autant moins besoin d'utiliser l'expression somatique qu'il lui est possible de parler avec ses parents des contradictions qu'il rencontre, entre son désir de les combler au plus profond d'eux-mêmes et son impossibilité d'y atteindre par les voies sexuelles qui les relient entre eux.

Comprendre qu'il ne pourra pas épouser ses parents demande à l'enfant de reconnaître l'existence de la mort. C'est à ce niveau que les maladies infantiles jouent un rôle nécessaire dans son développement psychique. Elles lui permettent de comprendre et d'intégrer que le corps est mortel. Or, il peut paraître étrange que cette prise de conscience doive obligatoirement passer par le corps et la maladie. La raison en est pourtant simple : la mort est un endroit où toutes les possibilités de parole atteignent irrémédiablement leur limite. Devant intégrer tout ce que lui présente l'univers, l'enfant n'arrête pas de se poser des questions. La mort est à ce niveau un endroit où les mots sont inaptes à donner des réponses. C'est précisément l'endroit où ses parents ne savent jamais répondre. S'il les questionne sur la mort, il échoue automatiquement à les mobiliser par la seule parole. C'est pourquoi la maladie lui est nécessaire pour pouvoir prendre conscience de cette limite qu'impose l'existence de la mort à la puissance des mots.

La psychose de l'enfant va, par exemple, très souvent de pair avec l'absence de toute maladie infantile. C'est en tout cas absolument frappant dans l'autisme qui en est la forme la plus achevée. Or les parents des enfants psychotiques sont loin d'être de mauvais parents. S'ils sont responsables du fait que leur enfant s'immobilise dans son développement psychique, ce n'est pas parce qu'ils pèchent en tant que parents, mais parce qu'ils acceptent de l'être dans un renoncement radical à toute revendication virile ou féminine. Leur mobilité libidinale et affective ne dépend que de l'enfant, qui n'a plus, du même coup, aucune raison de chercher à se construire de façon autonome et à l'éprouver dans la maladie.

On ne peut faire évoluer un enfant autiste sans tout d'abord permettre à sa mère de se redonner le droit à une féminité qui laisse un peu tomber l'enfant. Mais lorsqu'on arrive à ce résultat et que l'enfant émerge, il attrape, indépendamment de son âge, toute la gamme des maladies infantiles auxquelles il avait échappé jusqu'alors. C'est par là qu'il retrouve une affectivité normale avec ses parents en leur signalant pour la première fois qu'il est mortel.

L'enfant étant déjà seul à légitimer les statuts de père et mère, il est automatiquement pathogène pour lui d'être en plus une instance dont puisse dépendre la sexualité de ses parents. Les adultes ont malheureusement trop facilement tendance à oublier que la féminité d'une mère ne peut pas plus que la virilité d'un père dépendre de leur enfant. Cela ne veut pas dire que la féminité doive être exclue du maternel. Elle y est aussi nécessaire que lorsqu'un père joue avec lui à n'importe quel jeu qualifié de viril. Mais argumenter une séparation ou la refuser au nom de l'enfant est en revanche toujours excessivement douteux. Cela n'empêche pas qu'à la première embrouille, la majorité des parents oublient qu'ils entravent le développement de leurs enfants, en ne pouvant s'empêcher de les utiliser en remplacement d'une articulation sexuelle qu'ils n'arrivent plus à retrouver entre eux.

Devenir père ou mère comporte un certain danger auquel on est rarement attentif. Cela resserre les relations à son conjoint mais n'offre, en dehors de cette relation unique, aucune articulation affective avec ceux de sa classe d'âge. On dit des hommes qu'ils y enterrent leur vie de garçon. Quant aux femmes, elles y enterrent encore assez souvent leur vie professionnelle. Le risque que comporte la venue des enfants est donc toujours un risque d'enfermement. Telle est la fragilité du maternel et du paternel. Ce sont des instances inaptes à gouverner les relations affectives ailleurs que dans l'ascendance et la descendance.

La force de la virilité et de la féminité réside à l'inverse dans le fait qu'elles se détournent des relations platoniques qu'implique la famille. Cette force qui permet à l'adolescent de quitter ses parents est la même qui fait qu'on abandonne sa femme ou son mari. Masculin et féminin existent en effet indépendamment de l'enfant et sont, de plus, les seules instances capables de positionner l'être dans ses activités, parmi ceux de son âge.

Raison et séparation

Paternel et maternel dépendent du masculin et du féminin, alors que l'inverse n'est pas vrai. Le plaisir sexuel et le désir de faire des enfants ne peuvent s'articuler ensemble qu'à condition d'accepter les règles de cette dépendance. Dans un couple, père et mère sont dépendants d'un chassé-croisé qui assujettit d'un côté le maternel au masculin et à la production testiculaire de l'homme, de l'autre le paternel à la féminité qui soutient l'inscription de l'enfant dans son nom en lui désignant son père. C'est la seule façon par laquelle la sexualité génitale peut prendre en charge l'écartèlement où elle s'épanouit, entre le désir de s'accepter père ou mère et celui de rester homme ou femme.

Le maternel est dépendant de la virilité puisqu'il en est la conséquence. Le statut de mère est autant assujetti à la production testiculaire de l'homme qu'à sa force de travail. La santé du couple dépend à ce niveau de la valeur imaginaire et symbolique que la femme attribue aux « bourses » de son homme. Mais c'est aussi l'endroit où la générosité phallique s'oppose au pouvoir omnipotent de la mère.

Le maternel ne peut concerner l'homme que s'il s'en sent responsable. S'il n'en est pas le créateur, ou si elle n'implique pas directement son sexe, la maternité ne peut qu'inhiber l'homme, car elle ne renvoie alors pour lui qu'à l'époque où il était dépendant d'une mère. L'homme ne peut donc que s'opposer à une puissance maternelle qui prétendrait exister indépendamment de son sexe. Si sa compagne n'attribue plus à ses bourses la puissance créatrice dont dépend le maternel, elle le rend incapable de la soutenir en tant que mère.

C'est là encore un des problèmes les plus fréquents du couple qui se sépare. La liquidité monétaire étant pour l'homme un équivalent de sa liquidité testiculaire, il lui est toujours excessivement difficile de supporter qu'une fois séparée de lui, sa femme puisse continuer à utiliser son porte-monnaie. Cette question est à ce point fréquente dans les rapports de l'homme et de la femme qu'on ne peut l'évacuer comme un simple problème économique. Il faut y voir une protestation fondamentale masculine qui a aussi sa raison d'être. L'argent que l'homme donne à la femme, même après séparation, continue à être un équivalent de sa virilité. Vue sous l'angle de la féminité, la question de la séparation ramène au même endroit. Qu'elle en soit consciente ou non, le rapport de la femme à l'homme est centré sur sa production testiculaire. Même si elle est call-girl et qu'elle ne s'intéresse qu'à son portefeuille, c'est toujours cela qui est en cause.

Lorsqu'elle est mère, la femme consulte souvent pour son enfant, alors qu'elle a rompu tout rapport avec le père. Elle nous annonce avec une certaine fierté que, depuis sa séparation, elle s'est farouchement gardée de dépendre du père de son enfant et d'avoir à lui demander quoi que ce soit. Voilà quelque chose qui peut être assez sain du point de vue de son économie personnelle, mais qui ne tient pas compte du tout du développement de son enfant.

Un enfant a besoin de son père pour se développer. Il en a besoin, même dans le cas où ce dernier est mort, car l'image qu'il se fait de son géniteur influe autant sur son développement psychique que lorsqu'il vit avec lui. Si sa mère vit avec un autre homme, l'enfant peut bien sûr construire son identité sexuelle en identification à cet homme, mais à une seule condition : que son père géniteur soit respecté par l'homme qui le remplace. C'est le problème classique de la haine farouche du garçon pour son beau-père. Que les hommes se le disent : il est impossible d'occuper la moindre place structurante pour les enfants d'une femme qui ne sont pas de soi si le bien qu'on leur veut tend à dévaloriser leur père géniteur.

S'abstenir de demander quoi que ce soit au père de son enfant sous prétexte qu'on l'a quitté est une attitude absurde si l'on se place du point de vue de l'enfant et de son développement. Ce n'est pas que cette attitude remette en cause l'image verticale du père originel. L'enfant porte de toute façon, au plus profond de lui-même, ne serait-ce qu'à un niveau inconscient, l'image de son père. Si c'est lui qui refuse de donner de l'argent à la mère, il pourra le juger radin ou égoïste, mais il n'aura aucun doute sur ses qualités viriles. N'en est-il pas d'ailleurs la preuve vivante ? A l'inverse, si c'est sa mère qui refuse l'argent de son père, il y verra un défaut de sa féminité, une fragilité qui ne concerne qu'elle, car sa propre présence ne lui permet pas de comprendre autrement que sa mère rejette ainsi la générosité phallique de son père.

On admet assez généralement que le rôle du masculin soit de soutenir le maternel au-delà des seules festivités de l'amour. Il faut aussi admettre que la féminité puisse avoir d'autres fonctions que celles dont dépend la qualité de l'érection. Du fait de l'enfant, le masculin se doit de soutenir le maternel. Pour la même raison, la féminité doit soutenir le paternel. C'est pourquoi ne rien vouloir recevoir du père de son enfant ne peut, dans l'esprit de l'enfant, que se concevoir comme un défaut de féminité de sa mère.

La soutenance du maternel est à ce point centrale dans l'imaginaire masculin qu'elle donne l'armature éthique du soldat. Ce n'est pas tant que le jeune homme puisse, au premier chagrin d'amour, aller se suicider dans les bras de la mère patrie. C'est, dans toutes les cultures, le rôle de la virilité de garantir l'intégrité de la terre natale et maternelle. L'éthique guerrière engendre alors un code de l'honneur dont les modalités garantissent la protection des femmes et des enfants. Dans son rapport à l'éthique et à l'ancestral, le masculin se reconnaît ainsi pour première fonction d'être garant de la survie du maternel.

Il en va de même dans les rapports du féminin au paternel. Quel que soit son rapport aux hommes, la femme soutient en premier le père de ses enfants. Cela s'articule à sa structuration œdipienne. Pour le garçon, la maturation sexuelle est centrée sur le désir et l'impossibilité de combler la mère. Pour la fille, il en va de même dans le rapport au père. Or, à l'âge adulte, père et mère n'ont d'existence que par rapport à l'enfant. Le soutien des images parentales ne se justifie qu'en fonction des nouveaux arrivants. Dans le développement de l'enfant, la façon dont la féminité soutient le paternel joue un rôle très différent de celle dont la virilité reconnaît le maternel comme un fleurissement de ses actes. Assujetti à la sauvegarde de la mère, le masculin est garant du développement physique et corporel de l'enfant. Assujetti à celui qu'elle a fait père, la féminité est, d'une façon complémentaire, garante de l'intégrité psychique et du développement spirituel de l'enfant.

Le statut de père n'engendre aucune modification corporelle. Inscrit dans le nom qu'on lui donne, il ne prend corps qu'avec la reconnaissance de l'enfant. Dans les structures de la langue maternelle, le nom est responsable de l'identité propre. C'est le pivot autour duquel se constituent le caractère et la personne. C'est la première amarre par laquelle l'être humain s'inscrit dans le langage et y articule les représentations qu'il se fait de lui-même. Garant de l'identité psychique, le nom propre est la porte qui permet à l'enfant de prendre pied dans le langage et de s'y constituer une identité propre.

Alors que la virilité se doit de reconnaître l'enfant comme un produit de ses actes, la féminité a pour devoir de lui indiquer que le corps d'une mère n'est pas le lieu premier de son origine. La reconnaissance du père et le fait de porter son nom permettent à l'enfant de concevoir son existence dans un espace plus vaste que celui du corps. Cet espace est celui de la langue, et donc celui où évolue l'esprit. La langue maternelle préexiste à l'incarnation et survit au-delà de la mort. Elle donne ainsi à l'existence psychique une force qui transcende la mortalité du corps et inscrit le travail d'une vie au sein de l'évolution de l'espèce. Reconnaître son père comme un lieu d'origine est ainsi le garant d'un potentiel psychique qui différencie l'humain de l'animal. Alors que le maternel répond de la tenue du corps, le paternel répond de celle de l'esprit. C'est pourquoi l'image paternelle concentre la croyance en l'immortalité de l'âme. Sitôt qu'avec l'apparition du monothéisme, Dieu devient la figure originaire de référence, il ne peut plus être représenté sous les traits d'une femme. Telle est la façon dont la religion reconnaît le père comme garant de l'identité psychique et y assujettit la féminité de la mère.

Masculin et féminin soutiennent les positions parentales et y sont noués de façon croisée. Ce soutien joue certes un rôle indispensable dans la reproduction et la survie de l'espèce, mais il comporte aussi un certain danger, celui d'inhiber la sexualité proprement dite. Dans la mesure où ils en sont l'aboutissement, paternel et maternel ne peuvent en aucun cas servir de moteur à la sexualité génitale. Ils ne peuvent, au contraire, qu'y jouer le rôle d'un frein.

Qu'elles président à la formation sexuelle de l'enfant, qu'elles garantissent la morale et la bienséance ou qu'elles reviennent inchangées, génération après génération, les images parentales ne peuvent que s'opposer à la pleine expansion de la sexualité. A l'encontre des idéologies religieuses, il est donc tout à fait dangereux de limiter les visées de la sexualité génitale à la seule procréation. C'est oublier qu'avant d'être au service de l'espèce, la sexualité joue un rôle dans la régénération psychique de l'être. L'articulation du viril et du féminin reste à ce niveau le seul gouvernail qui puisse non seulement réguler les échanges affectifs entre les corps, mais positionner l'être dans l'espace de sa vie propre. La santé du génital est ainsi irrémédiablement liée à la complémentarité du viril et du féminin.

POUR CONCLURE ET À PROPOS DE L'ŒDIPE

Je n'ai pas épuisé toutes les interrogations que soulève la sexualité en général et celle de l'homme en particulier. J'ai surtout cherché à montrer comment se construit un sexe d'homme, en centrant mon propos sur la formation œdipienne de l'enfant mâle. D'un chapitre à l'autre, je me suis efforcé de revenir sur les différentes facettes de l'Œdipe car, d'une façon générale, l'apport de Freud en ce domaine a été assez mal compris, tant par les professionnels que dans le grand public.

Lorsqu'une théorie n'est qu'à moitié vraie et que des disciples s'en emparent, c'est curieusement toujours ses points les plus obscurs et les plus discutables qui sont hissés au rang de dogme et fétichisés par les apprentis sorciers de la profession. Tel est le sort qu'a subi la théorie freudienne. Regardons-y de plus près. Les points forts de cette théorie sont :

1. Considérer que la parole joue le rôle d'un placenta dans la construction psychique et sexuelle.

2. Avancer que cette construction est régie par une succession de périodes, l'Œdipe, la latence et l'adolescence, qui s'opposent l'une à l'autre par la diversité de leurs objectifs.

3. Postuler que les parents occupent une place de premier plan dans la formation des fantasmes sexuels.

Or, sur ce troisième point Freud avance des choses contradictoires : d'un côté il situe le père comme le support privilégié des idéaux à travers lesquels le garçon construit sa sexualité. De l'autre, il avance que ce même garçon ne rêve que d'une chose : tuer le père pour prendre sa place dans le lit maternel.

Voilà ce qui a conduit un grand nombre de psychanalystes à croire en la nécessité d'une sévérité paternelle considérée comme seule capable de faire obstacle aux désirs incestueux du garçon. J'espère avoir montré que ce point de vue est totalement inacceptable. D'ailleurs le père qui prendrait un tel énoncé à la lettre n'induirait chez son fils que la mise en place de fantasmes masochistes, sadiques ou homosexuels.

Freud n'a bien sûr pas pu traiter de tout. Il n'a élucidé ni la construction des fantasmes sadiques, ni la façon dont l'inconscient est aussi constitué de celui des parents. Il voyait le sadisme comme une composante de la pulsion de mort, du désir de disparaître, alors que la façon dont les fantasmes se construisent indique exactement l'inverse. C'est bien au contraire pour ne pas avoir envie de disparaître que l'enfant battu peut valoriser le sadisme de son père en l'intégrant à sa propre construction sexuelle. « Je sais bien, se dit-il dans le secret de ses fantasmes, que les coups font mal, mais quand même quelle superbe puissance déploie mon père pour arriver à m'aimer. » C'est du même coup la façon dont l'inconscient se construit à partir de celui des géniteurs qui n'est pas prise en charge dans la théorie freudienne. Que les fantasmes puissent ramener dans la sexualité toute sorte de choses que les parents n'ont pu eux-mêmes résoudre dans leur propre existence, n'y est pas pris en compte, et c'est en quoi la théorie de l'Œdipe est insuffisante dans sa formulation première.

Freud s'en est quant à lui expliqué. Il voyait les rêves où l'homme coïte avec sa mère comme la vérité d'un désir pur et simple et non comme le retour d'une question d'enfant sur la féminité de la mère ou la virilité du père. C'est pourquoi il a adjoint au complexe d'Œdipe un complexe de castration dans lequel la peur d'être châtré par le père est la seule chose qui contrebalance les désirs incestueux du garçon. En ramenant le complexe de castration à la vraie difficulté du masculin : « Comment faire un avec son sexe ? », je me démarque de la façon dont Freud a lui-même cherché à justifier ce concept. Je ne considère toutefois pas qu'on puisse en faire l'économie, car la castration est avant tout la difficulté du petit homme à assumer son sexe biologique sitôt que la parole lui fait défaut.

En dehors des lacunes propres à une élaboration naissante, la conception freudienne de l'animation sexuelle a surtout négligé deux choses importantes : d'une part ce qui, précédant l'Œdipe, renvoie à la formation des orifices sexuels chez le bébé et le fœtus. De l'autre, tout ce qui dans les objectifs de la période œdipienne tend à intégrer non pas seulement l'existence du sexe, mais aussi celle de la mort.

Je n'ai pas voulu approfondir ici tout le registre des questions qui associent la sexualité à la filiation, à la mort et du même coup à la maladie. Non pas pour l'avoir fait dans mes livres précédents, mais parce qu'y revenir ici aurait doublé le volume de ce livre. Les relations de filiation et les transmissions inconscientes entre le père et le fils sont d'autant plus complexes qu'elles n'impliquent aucun rapport de corps. La loi du sang y est ainsi, beaucoup plus que dans la relation à la mère, dépendante du rôle de placenta que joue la parole dans la construction psychique et sexuelle. De plus, comme je l'ai laissé entrevoir au niveau de l'autisme, la maladie occupe un rôle incontournable dans l'évolution spirituelle et l'intégration de la mort. La résolution d'une maladie grave ou mortelle, un cancer ou un délire, est souvent, pour celui qui en fait la traversée, le tremplin d'une évolution spirituelle assez surprenante qui dégage la sexualité de ses attaches néfastes aux parents et aux ancêtres. Etant donné l'importance du sujet, j'ai préféré garder pour un ouvrage ultérieur la paternité, la maladie et la mort.

De la même façon, je n'ai pas traité de la formation des orifices dans la prime enfance. J'ai sur ce point plus longuement hésité car c'est là une approche qui permet de jeter un regard tout à fait nouveau sur les mécanismes de la jouissance érotique. Mais dans la mesure où ce sujet concerne autant la sexualité des femmes que celle des hommes, j'ai là aussi trouvé préférable de le réserver pour un autre livre.

Remerciements

Je remercie Marc Ambroggi, Danièle Flaumenbaum, Mado Gharbi, Elisabeth Martins, Martine Migaud, Michel Picault et Yves Suaudeau qui, à des titres divers, m'ont, par leurs critiques ou leurs conseils, soutenu dans la rédaction de ce livre.

Table

Etiemble

L'Érotisme et l'amour biblio/essais 4127

Les sens et le sentiment. Un art d'aimer à distance de l'obscénité.

Lydia Flem

Freud et ses patients biblio/essais 4060

Freud, ses errances, ses premiers patients.

Stanley Greenspan, Nancy Thorndike-Greenspan

Le Développement affectif de l'enfant pratique 8017

La relation parents-enfants à travers les premières émotions et les premiers sentiments.

Docteur Pierre Guillet

L'Aventure de l'âge pratique 8016

Les apprentissages, les corrections. Le guide du « bien vieillir ».

Luce Irigaray

Je, tu, nous biblio/essais 4155

La réalisation de l'identité féminine à travers la critique des codes existants.

Roland Jaccard (sous la direction de)

Histoire de la psychanalyse, t. 1 et 2 biblio/essais 4025 4026

T. 1 L'exposé de la théorie psychanalytique. Le système du rêve, le refoulement, l'éthiologie des névroses...

T. 2. Le cheminement des idées freudiennes. La France, l'Allemagne, les Etats-Unis, le Japon, l'Argentine...

Carl Gustav Jung

Problèmes de l'âme moderne références

La femme en Europe, le mariage, le devenir de la personnalité, l'âme et les schèmes de l'expérience humaine... Une problématique de l'existence dans le monde moderne.

« *Cahier de l'Herne » : Jung* Cahier de l'Herne 4140

Textes, études, témoignages. La pensée et l'œuvre de Jung.

Daniel Karlin, Tony Lainé

L'Amour en France littérature générale 6907

Une enquête sur les sentiments et la sexualité des Français. Le pendant à la monumentale série diffusée par La Sept et Antenne 2.

Michel Maffesoli

L'Ombre de Dionysos biblio/essais 4131

La mise en relation du vouloir-vivre collectif contemporain et de phénomènes archaïques comme la fête, l'orgie, l'excès...

Desmond Morris

Le Singe nu littérature générale 2752

Attitudes et conduites humaines dans l'optique du comportement animal.

Daniel Sibony

Le Féminin et la séduction biblio/essais 4061

L'alchimie des sentiments et les systèmes des désirs des femmes.

Pierre Valinieff, Jean Gondonneau

Le Couple et l'amour pratique 7785

Guide pratique du couple.

Composition réalisée par BUSSIÈRE 18200 Saint-Amand-Montrond

IMPRIMÉ EN FRANCE PAR BRODARD ET TAUPIN
Usine de La Flèche (Sarthe).
LIBRAIRIE GÉNÉRALE FRANÇAISE - 6, rue Pierre-Sarrazin - 75006 Paris.
ISBN : 2 - 253 - 06471 - 8 30/9713/6